AF551876

PRAXISBUCH KALLIGRAPHIE ALPHABETE

Neuerscheinungen, Praxistipps, Gratiskapitel,
Einblicke in den Verlagsalltag –
gibt es alles bei uns auf Instagram und Facebook

instagram.com/mitp_verlag

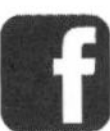

facebook.com/mitp.verlag

Cindy Schullerer

FEDERFEIN

PRAXISBUCH

KALLIGRAPHIE ALPHABETE

33 INSPIRIERENDE SCHRIFTEN VON HISTORISCH BIS MODERN

Bibliografische Information der Deutschen Nationalbibliothek
Die Deutsche Nationalbibliothek verzeichnet diese Publikation in der Deutschen Nationalbibliografie; detaillierte bibliografische Daten sind im Internet über http://dnb.d-nb.de abrufbar.

Bei der Herstellung des Werkes haben wir uns zukunftsbewusst für umweltverträgliche und wiederverwertbare Materialien entschieden.
Der Inhalt ist auf elementar chlorfreiem Papier gedruckt.

ISBN 978-3-7475-0577-9
1. Auflage 2022

www.mitp.de
E-Mail: mitp-verlag@sigloch.de
Telefon: +49 7953 / 7189 - 079
Telefax: +49 7953 / 7189 - 082

© 2022 mitp Verlags GmbH & Co. KG, Frechen

Dieses Werk, einschließlich aller seiner Teile, ist urheberrechtlich geschützt. Jede Verwertung außerhalb der engen Grenzen des Urheberrechtsgesetzes ist ohne Zustimmung des Verlages unzulässig und strafbar. Dies gilt insbesondere für Vervielfältigungen, Übersetzungen, Mikroverfilmungen und die Einspeicherung und Verarbeitung in elektronischen Systemen.

Die Wiedergabe von Gebrauchsnamen, Handelsnamen, Warenbezeichnungen usw. in diesem Werk berechtigt auch ohne besondere Kennzeichnung nicht zu der Annahme, dass solche Namen im Sinne der Warenzeichen- und Markenschutz-Gesetzgebung als frei zu betrachten wären und daher von jedermann benutzt werden dürften.

Lektorat: Sabine Schulz
Sprachkorrektorat: Christine Hoffmeister
Buchgestaltung, Coverdesign, Satz,
Kalligraphie und Illustrationen: Cindy Schullerer | Federfein
Coverbild: Adobe Stock, ©Rawpixel
Druck: ADverts in Riga, Lettland

INHALT

there is a miracle in every new beginning

HERMANN HESSE

DIE AUTORIN

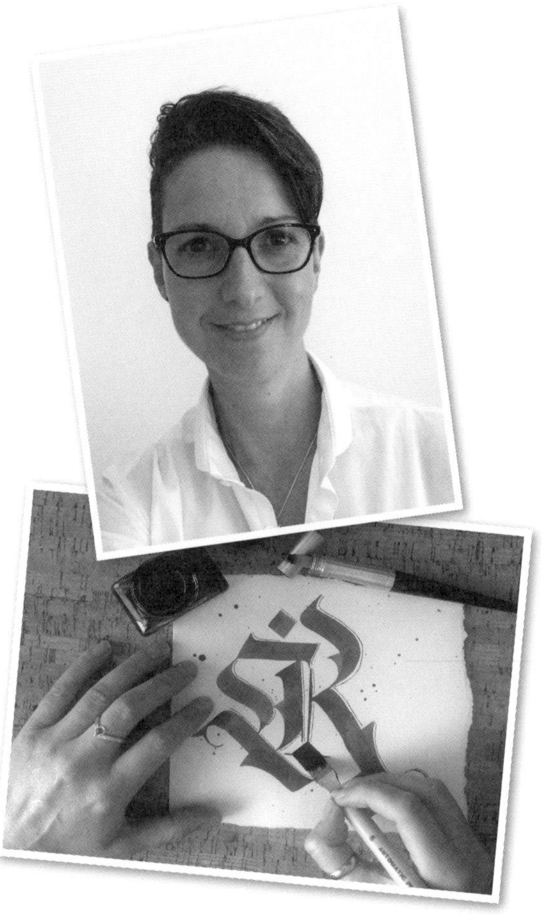

Cindy Schullerer alias Federfein
Kalligraphin, Illustratorin
aus LInz, Österreich

Anhängerin der analogen Kalligraphie.
Vorzugsweise Bandzugfeder.
Tintensüchtig. Papierstreichlerin.

federfein.at
instagram.com/federfein

Das schöne Schreiben als Meditation zum hektischen Alltag, zum Fokussieren und zur inneren Mitte zu finden. Die Kalligraphie als Kunstform, sich mit der künstlerischen Ausgestaltung von Texten händisch auseinanderzusetzen - welche Motivation auch immer bei dir dahintersteckt, Kalligraphie ist fließende Energie, ist Buchstabenzauber, ist Rhythmus. Und auch Ausdruck von experimenteller Freude wie auch einer Portion Mut.

Mut? Seit wann braucht man zum Schreiben Mut? Ich sage aus Erfahrung Mut. Und Ausdauer. Und den Willen, von vorne zu beginnen. Denn Kalligraphie ist eine Reise zu den Wurzeln der Schrift.

Und ob ungeübt oder schon fortgeschritten, jede neue Schriftart führt wieder zum Anfang zurück: Zum Sich-vertraut-machen mit den Strichelementen, zum Üben der einzelnen Buchstaben wie ein Tafelklässler und auch zum eigenen inneren Kern, wenn die Welt um einen herum in Tinte und Schwingung versinkt.

In dem Sinne wünsche ich viel Freude beim Mutigsein und vor allem beim Entdecken der eigenen Kreativität.

Cindy Schullerer

Konzentriere dich auf die Stufe vor dir, nicht auf die ganze Treppe.

AUTOR UNBEKANNT

DANKE SCHÖN

Ich danke von Herzen all jenen Menschen, die mich unterstützt haben. Der ganzen Kreativ-Community für all ihr liebes Feedback und meiner Lektorin Sabine Schulz, mit der Buchprojekte einfach nur Spaß machen. **Danke, dass es euch gibt!**

ZUM BUCH

Liebe Leserin, lieber Leser, ich freue mich sehr, dass du mein Buch in den Händen hältst. Weil du ebenso wie ich ganz verzaubert von Buchstaben bist oder verzaubert werden möchtest.

Dieses Buch ist ein Schriftenarbeitsbuch. Im **ERSTEN KAPITEL** erhältst du eine Einführung zu den Basismaterialien und Schreibwerkzeugen. Außerdem erhältst du hier wichtige Basics zur Kalligraphie, die dir auf deinem Weg hilfreich zur Seite stehen sollen. Dann geht es auch schon gleich weiter: Das **ZWEITE KAPITEL** ist ganz der Praxis gewidmet:

33 ALPHABETE

In diesem Kapitel zeige ich dir Buchstaben quer durch unsere ganze Zeitgeschichte: angefangen von den historisch-römischen Schriften über die gebrochenen Lettern bis hin zu den modernen Buchstaben. So findest du für viele Anlässe die passende Schrift. Und das Tolle ist: Alle Alphabete können mit einer einzigen Bandzugfeder umgesetzt werden. Ich habe eine Breitfeder von Brause mit 3 mm verwendet. Die gibt es als Standard in vielen Schreibwarenläden. Alle Schriftvorlagen sind gleich aufgebaut, du kannst dir eine beliebige Schrift heraussuchen, die dir auf Anhieb gefällt, und gleich loslegen.

Im **DRITTEN KAPITEL** geht es um

SCHMUCKELEMENTE & TROUBLESHOOTING

Denn alle gezeigten Schriften sind nur eine Basisanleitung und haben so viel Potenzial, wie du sie richtig toll mit weiteren Verzierungen in Szene setzen kannst.

Doch was ist, wenn es am Anfang bereits hinten und vorne nicht funktioniert? Dann kannst du unter **Troubleshooting** eine Übersicht aller gängigsten Fehler finden, damit du ohne Frust mit der Kunst des schönen Schreibens starten kannst.

BUCHSTABEN MIT FLECKEN?

Auf allen Bildern in diesem Buch kannst du verschiedene Strukturen und Flecken in den Buchstaben erkennen. Das ist weder ein Fehler noch ein Makel. Diese Flecken gehören zur Kalligraphie wie auch die Flecken an den Fingern. Denn alle Buchstaben sind analog mit Feder und Tinte geschrieben. Beim Abheben der Feder fließt Tinte zurück auf das Papier, daher entstehen auch die individuellen Kleckse beim Endpunkt eines Striches. Das ist normal. Aber ist das nicht auch schön? So ist jeder geschriebene Buchstabe einzigartig.

Pro-Tipp:

Für die traditionelle Kalligraphie benötigst du am Anfang nicht wirklich viel: einen geraden Federhalter, eine Bandzugfeder, ein Tintenglas und gutes Papier. Die vier Dinge gibt es bereits unter 10 Euro im Handel.

Ich persönlich empfehle gerne den blanko Schreibblock von Clairefontaine, die Standardtinte im Glas vom Unternehmen Müller sowie eine 3 mm Bandzugfeder.

Eine Liste mit vielen nützlichen Tools findest du ganz hinten im Buch.

Achtung: Alle neu gekauften Stahlfedern weisen, zum Schutz vor Korrision, einen Ölfilm auf. Wenn du diesen nicht entfernst, kann die Farbe nicht an der Federoberfläche haften bleiben.

Die beste Art, eine Feder vorzubereiten ist, sie mit einem speichelbenetzten Textil zu befeuchten und sanft abzureiben. Denn Speichel löst den Ölfilm optimal und beschichtet das Metall mit einem Proteinfilm. Das hilft, das Metall hydrophil (flüssigkeitsliebend) zu machen und die Tinte gleitet ohne Komplikationen von der Feder auf das Papier.

PER·FEK·TI·ON

/pɛrfɛk'tsio:n, Perfektión/

Substantiv, feminin [die]

Vollendung, Vollkommenheit
(in der Ausführung von etwas)

Als absolut vollkommen betrachten wir etwas, das in seiner Form tadellos erscheint und sich nicht mehr verbessern lässt. Das »Nonplusultra« ist erreicht. Rien ne va plus ...

Das Streben nach Weiterentwicklung und Vollendung begleitet die Menschheit seit Anbeginn ihrer Geschichte. Und es weckt Ehrgeiz und motiviert. Es gibt den Impuls, die Bestleistung herauszuholen. Das ist gut.

So oft habe ich Gespräche über perfekte Buchstaben geführt, die es menschengemacht fast nicht gibt. Und so sehr der Perfektionismus auch in den Flow bringen kann, so sehr kann er hemmen und blockieren.

Ich möchte darauf aufmerksam machen, denn auch ich bin oft nicht davor gefeit. Der Wunsch, meine Buchstaben noch gerader als gerade, noch geschwungener als geschwungen zu schreiben, wohnt auch in mir. Doch die Buchstaben sind stimmungsabhängig. Sie spiegeln das innere Gemüt und die (noch fehlende) Übung wider und sind oftmals weit entfernt von perfekt.

Aber sie sind, wie du und ich, einmalig und unverwechselbar. Sie haben Charakter. Sie leben in ihrer wunderschönen Unperfektheit. Denn wir sind keine Maschinen. Daher möchte ich dir noch die Worte eines bekannten Künstlers mitgeben:

»Hab' keine Angst vor der Perfektion
– du wirst sie nie erreichen.«

Salvador Dalí

Man kann den hoechsten Berg Schritt fuer Schritt ueber-winden.

JOHN WANAMAKER

GRUNDLAGEN

MATERIAL & WERKZEUGE

DAS BASISMATERIAL

Auf jedem kreativen Schreibtisch gibt es Materialien, die ein absolutes Musthave sind. So trivial sie auch sein mögen, sind sie von höchster Wichtigkeit, um das Gelingen des Schreibprojekts zu ermöglichen.

Bleistifte und Lineal sollten immer griffbereit am Arbeitsplatz liegen. Beide Werkzeuge sind wichtig, um die korrekten Linienspiegel vorzuzeichnen. Als Bleistiftstärke empfehle ich mittelweiche (HB) Minen. Zu harte Minen drücken sich zu sehr ins Papier hinein, Druckstifte sind daher nicht zu empfehlen. Zu weiche Bleistiftminen können beim Radieren schmieren.

Radiergummis gibt es in unzähligen Ausführungen. Bei farbigen Radiergummis solltest du an verdeckter Stelle überprüfen, ob keine Farbspuren beim Radieren zurückbleiben. Die Tinte muss restlos getrocknet sein, bevor du radierst, da das Gummi sonst noch feuchte Farbpartikel verschmieren kann.

Rundpinsel oder Make-up-Pinsel mit weichem Natur- oder Synthetikhaar entfernen Radierrückstände vom Papier, ohne dass du mit der Hand wischen musst. »Fege« unbedingt ohne Druck.

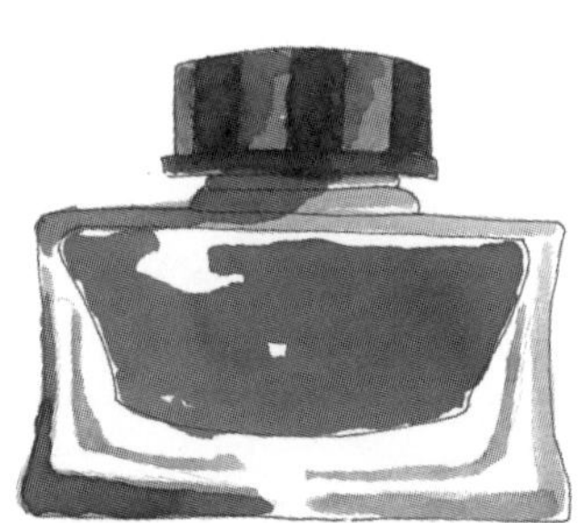

Tintengläser, so formschön wie Parfumflacons

Washi Tapes sind immer eine gute Investition. Mit dem japanischen Klebeband kann das Papier auf der Unterlage fixiert werden und verhindert das Verrutschen. Zusätzlich lassen sich die Tapes auch leicht vom Papier ablösen.

Küchenrolle, fusselfreie Textilien oder eine Taschentücherbox dienen dazu, die Federn zwischendurch zu reinigen und die Unterlage zu schonen, wenn die Feder abgelegt wird oder um im Notfall deinen Arbeitsplatz zu retten, wenn dir etwas Tinte daneben tropft oder das Glas umkippt.

Papier gibt es in vielen verschiedenen Qualitäten. Je nach Schreibwerkzeug und Farbe muss auch das Papier angepasst werden. Kopierpapier ist gut zum Vorzeichnen, eignet sich jedoch nicht für flüssige Farben, da das ungeleimte Papier stark saugend ist. Ich empfehle glatte, geleimte Skizzenblöcke (blanko, liniert, kariert, gepunktet), Aquarellkarton in diversen Grammaturen oder hochwertige Tuscheblätter.

Farbstoffe gibt es so einige: Tinte und Tusche, zumeist im Flacon oder in Patronen abgefüllt, sind die gängigsten Farbträger. Aber auch Gouache- oder Aquarellfarben, flüssig oder aus Malpaletten bzw. Tuben, eignen sich für die Schriftkunst. Farben aus Näpfchen und Tuben müssen mit Wasser angelöst und mit dem Pinsel aufgetragen werden.

DIE SCHREIBWERKZEUGE

Alle in diesem Buch vorgestellten Schriften können mit den folgenden Schreibwerkzeugen umgesetzt werden. Abhängig von der Breite des jeweiligen Werkzeugs und der umgesetzten Schrifthöhe variieren die Buchstaben in ihrer Erscheinung.

1. **Bandzugfedern** | Die Bandzugfeder, auch tituliert als Breitfeder, ist eine Schreibfeder aus Metall. Diese Federn gibt es in verschiedenen Stärken, die als Federbreite bezeichnet werden. Es wird ein Halter benötigt, in den die Stahlfedern hineingeschoben werden.

2. **Schönschreibfüller** | Kalligraphiefüller wie auch Artpens sind Federhalter mit breiten Federspitzen. Die Füllfedern werden in der Regel mit Patronen oder Tintenkonverter bestückt und müssen nicht mehr in Tintengläser eingetaucht werden. Im Handel gibt es diese Kolbenfüllfederhalter oftmals im Set mit mehreren Bandzugfedern zum Schrauben in diversen Breiten.

3. **Pilot Parallel Pens** | Spezielle Kalligraphiefüller, die mit Patronen (Achtung, keine Standardnorm) ausgestattet sind. Die lasergeschnittenen, parallelen Edelstahlplatten sind sehr präzise. Die Parallel Pens gibt es in verschiedenen Federbreiten, und sie sind auch für unterwegs bestens geeignet.

4. **Automatic Pen** | Die rautenähnliche Stahlfeder, das englische Pendant zur Plakatfeder, steckt fest in einem Kunststoffgriff. Den Automatic Pen gibt es in verschiedenen Federbreiten, angefangen von schmalen 1,58 mm bis hin zur Plakatfeder mit 25,4 mm.

5. **Keilstifte** | Diese Faserschreiber haben eine keilförmig geschliffene Filzspitze. Die Spitzen gibt es in unterschiedlichen Größen, Schrägungen und einer Bandbreite an Farben. Im Vergleich zu Federn und Füllern sind die Filzspitzen sehr weich, recht druckempfindlich und neigen nach einer gewissen Zeit dazu auszufransen. Keilstifte können universell eingesetzt werden.

6. **Pinsel** | Flachpinsel, gerade oder geschrägt, eignen sich auch gut, um Kalligraphie auszuüben. Da Pinsel von Natur aus weicher sind als Stahlfedern und daher viel schneller nachgeben, ist es wichtig, dass du dich vorher mit dem Druck beim Schreiben beschäftigst.

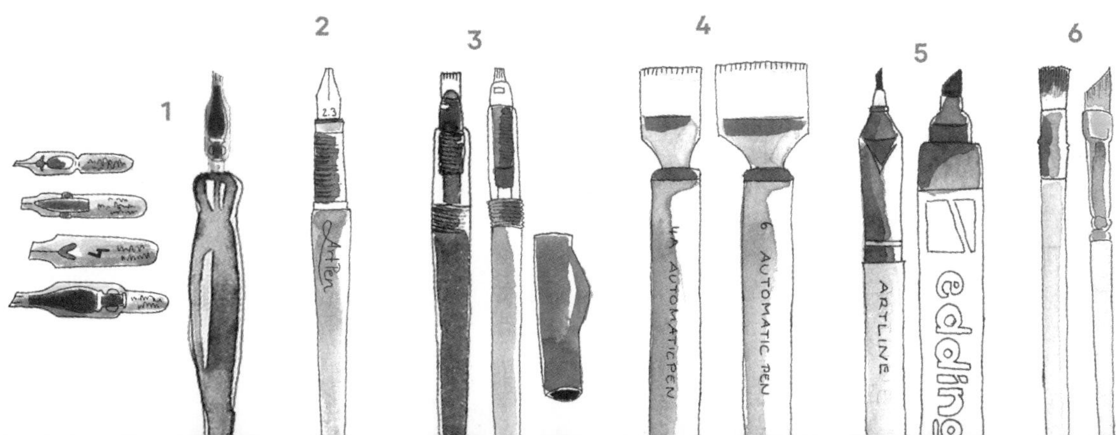

VORBEREITUNG

DIE ANATOMIE DER BUCHSTABEN

Es reicht nicht nur zu versuchen, Buchstaben schön zu schreiben. Wer den Charakter einer Schrift wiedergeben, wer die Schrift perfektionieren möchte, muss das Grundgerüst verstehen, muss erkennen, was die Buchstaben im Einzelnen ausmacht. Denn der Gesamteindruck der Schrift hängt immer vom Verhältnis von **Federbreite** und **Schrifthöhe** (Mittellänge) ab.

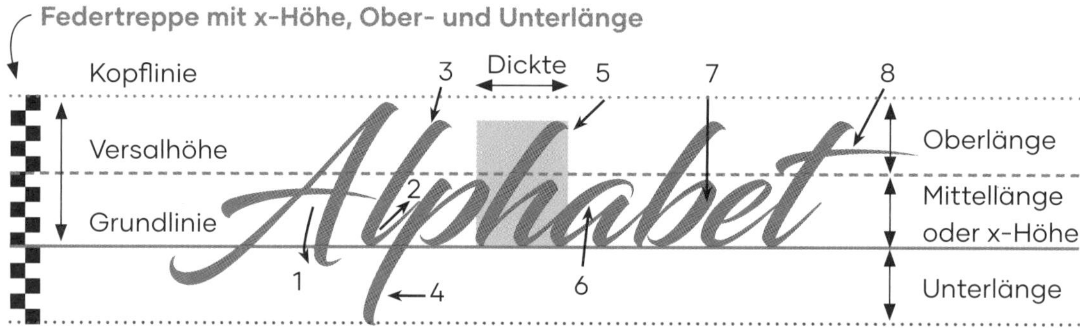

1: Abwärtsstrich
2: Aufwärtsstrich
3: Oberlänge
4: Unterlänge
5: Schweif
6: Punze (Auge)
7: Bauch
8: Querstrich

Buchstaben haben, wie auch der Mensch, ein Skelett und verschiedene Körperteile. Das Skelett ist ein **grundlegendes Grundgerüst**, um das der Körper als Form aufgebaut wird. Die Buchstaben haben somit Bauch, Taille, Arme, Schenkel und/oder Füße. Deswegen spricht man auch von der **Anatomie der Buchstaben**. Die **Dickte** eines Buchstabens beschreibt die Gesamtbreite und -höhe inklusive aller Formmerkmale wie Schweif, Punze, Bauch ...

DAS LINIENSYSTEM

Je nach Schriftart bilden die Buchstaben ein **Liniensystem**. Diese Linien definieren die Höhe der einzelnen Groß- und Kleinbuchstaben.

Ein **Zweiliniensystem** ergibt sich, wenn nur Großbuchstaben verwendet werden. Die Oberkanten der Majuskeln ergeben die Kopflinie und die Unterkanten der Buchstaben die Grundlinie (Grundlinie). Die Höhe der Buchstaben, gemessen von der Grundlinie bis hin zur Kopflinie, nennt sich Versalhöhe.

Bei einer gemischten oder reinen Minuskelschrift ist ein **Vierliniensystem** vonnöten. Die Kopflinie wird durch die Kanten der Oberlängen definiert, die Unterlinie erfasst den Bereich, den die Unterlänge von der Grundlinie ausgehend einnimmt. Buchstaben ohne Ober- und Unterlängen werden durch die Mittellänge (x-Linie oder x-Höhe) festgelegt.

DIE FEDERTREPPE

Jede Schrift ist in ihrer Höhe definiert. Anhand einer **Federtreppe** kannst du mit jedem beliebigem Kalligraphiewerkzeug die Schrifthöhe berechnen.

Um die korrekte Lineatur einer Schriftart zu erstellen, ziehe zuerst eine **Grundlinie**. Wähle deine Feder aus und zeichne die Federtreppe. An der oberen Kante des obersten Kästchens ziehst du eine weitere Linie. Das ist die Höhe deiner Mittellänge, auch **x-Höhe** genannt. Mache dasselbe nach oben für die **Oberlängen** und nach unten für die **Unterlängen**. Nun hast du deine exakte Lineatur.

Wenn eine Schrift die optimale Höhe von fünf Federbreiten hat, setze dein Schreibwerkzeug **senkrecht** zur Grundlinie an und ziehe fünf kleine **Kästchen** übereinander auf. Mit diesem Muster kann die exakte Schrifthöhe ermittelt werden.

Variierst du die Federtreppe um ein oder zwei Kästchen mehr oder weniger, erscheint die Schrift in ihrer Gesamtoptik in ihren **Proportionen** entweder gezerrt oder gestaucht.

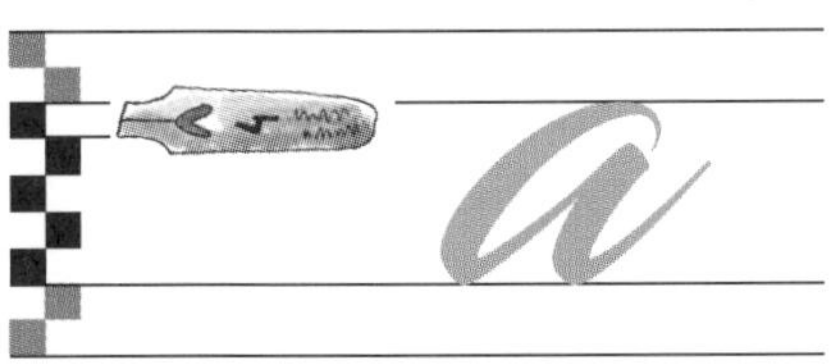

Im Buch werden die Federtreppen wie folgt dargestellt: **2:5:2.** Das heißt, für die Schriftart bei diesem Beispiel nimmst du insgesamt neun kleine Kästchen, je zwei für die Ober- und Unterlänge und fünf für die Mittellänge.

DIE KALLIGRAPHENUHR

Ein nützliches Werkzeug zur Veranschaulichung der Neigungswinkel ist die **Kalligraphenuhr**.

Damit eine Schrift optimal gelingt, ist der Winkel des Schreibwerkzeugs zur Grundlinie immens wichtig, denn jede Schrift hat ihren **eigenen Winkel**.

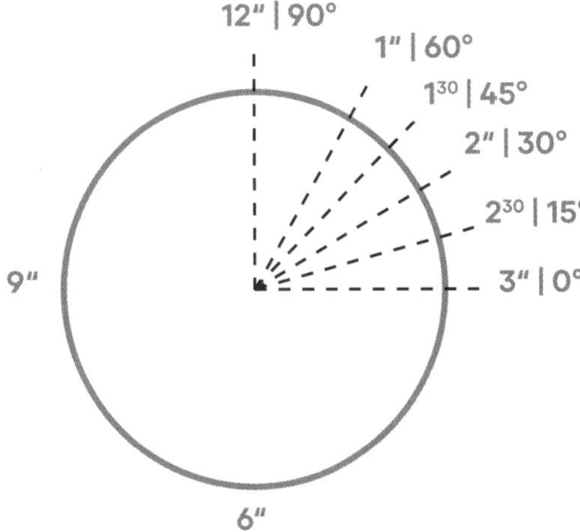

Mit dieser **Eselsbrücke** kannst du dir die Neigungswinkel sehr leicht merken. Und so sehen die gezogenen Federstriche mit ihrem jeweiligen **Neigungswinkel** aus:

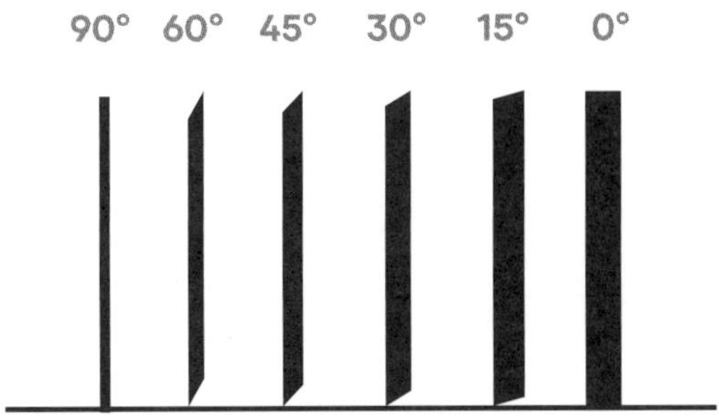

Brause Bandzugfeder | 3,5 mm

ERSTE STRICHE

BASISSTRICHE & FEDERFÜHRUNG

Prinzipiell kann aus diesen **Basisstrichen** jedes Alphabet zusammengesetzt werden, ob nun Großbuchstaben (Majuskeln) oder Kleinbuchstaben (Minuskeln). Je nach Schriftart variiert der **Winkel** des Schreibwerkzeugs.

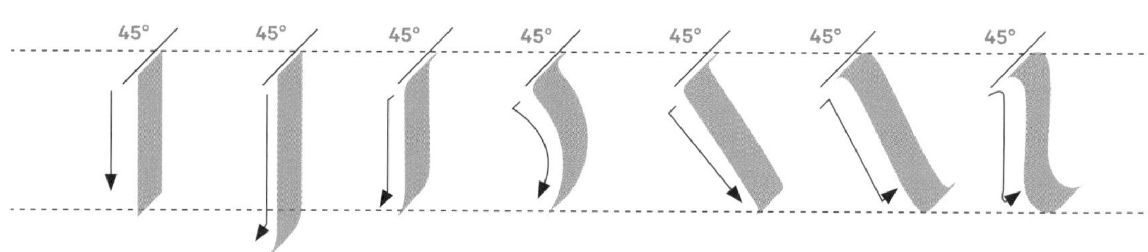

Gerade wie auch geschwungene Striche im 45°-Winkel, Variationen mit Ab- und Aufstrich.

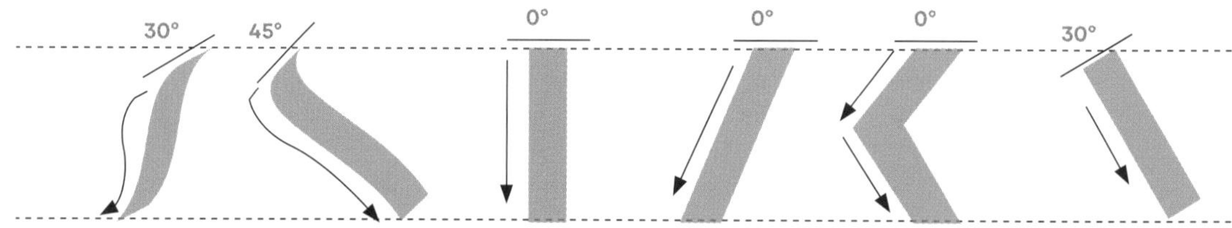

Dass Basisstriche am Anfang »zittrig« sind, ist völlig normal. Die Sicherheit kommt mit dem Üben.

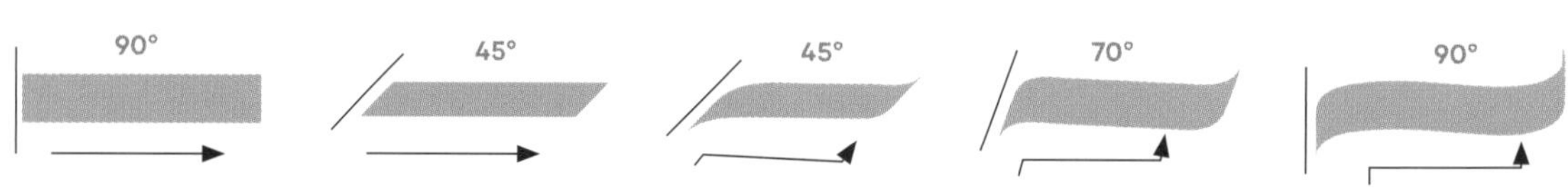

Sollten die Striche auch nach längerem Üben »zittrig« erscheinen, ziehe die Linien um einiges langsamer.

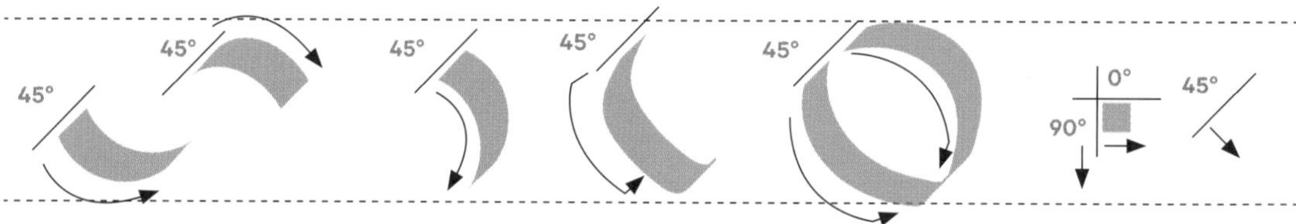

Kreise sind oft eine Herausforderung. Eine Hilfe ist es, vorher die Kreiselemente mit Bleistift vorzuzeichnen.

Basisstriche, geschrieben mit dem Parallel Pen | 4,5 mm

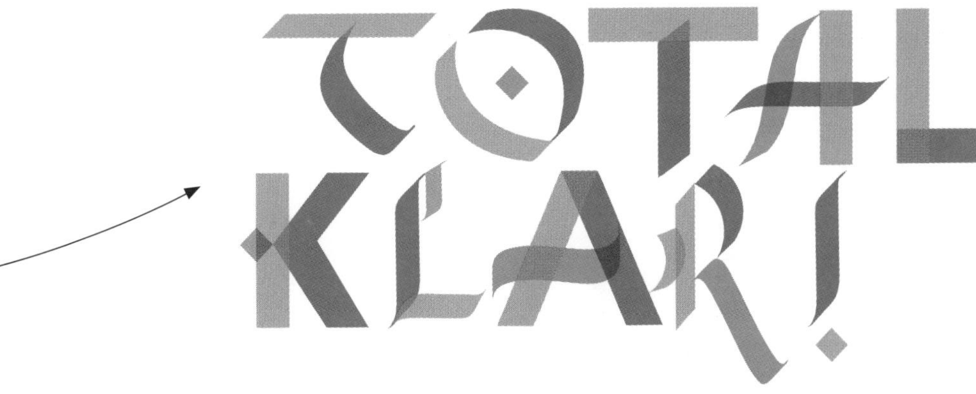

Wie variabel das Erscheinungsbild der Buchstaben ist, kannst du anhand vom T, A und L erkennen.

ES GEHT LOS ...

Nimm den Federhalter wie gewohnt in deine Hand, sodass er bequem liegt.

Stelle das Tintenglas auf die rechte Seite, um effizient die kürzeste Strecke zum Eintauchen zu nutzen. Das Licht hingegen sollte vorne oder links positioniert werden.

Das Kalligraphieblatt vor dir liegt schräg **nach links** geneigt. Das heißt, die rechte Papierspitze ist weiter oben als die linke. Variiere den Winkel des Papiers: Drehe es nach links, bis du locker und entspannt sitzt und schreiben kannst. Die Schräge ist auch abhängig, wie deine natürliche Handhaltung ist.

Je nach Federbreite ist die Zeilenhöhe von 1,5 cm optimal für den Anfang. So sind die Buchstaben weder zu groß noch zu klein. Die Striche zum Üben weder zu kurz noch zu lang.

Breite **Abstriche** werden mit Druck gezogen, dünne **Aufstriche** (Haarlinien) sanft geschoben. Jeder Strich wird langsam und kontrolliert geschrieben.

KALLIGRAPHIE MIT LINKS?

Für »**Lefties**« ist die Kalligraphie oftmals eine Herausforderung. Die handelsüblichen Kalligraphiefedern mit ihrer nach rechts abgeschrägten Spitze sind zumeist unbrauchbar. Abhilfe können **linksgeschrägte** Bandzugfedern wie auch der gerade geschnittene **Parallel Pen** schaffen. Es gibt bereits auch linksgeschrägte Schönschreibefüller von Lamy, Schneider oder Pelikan.

Nach einer Umfrage haben sich folgende Tipps zum Kalligraphieren ergeben:

- Welcher Typ bist du? Oberschreiber? Unterschreiber? Für viele funktioniert bereits eine 45°-Papierdrehung nach rechts.
- Verwende ein Zwischenblatt zur Handablage, um ein Verschmieren zu vermeiden.
- Stelle Tintengläser auf die linke Seite, Licht kommt von vorne oder rechts.
- Drehe bei bestimmten Strichen das Blatt auf den Kopf oder ziehe den Strich von hinten nach vorn bzw. von unten nach oben.

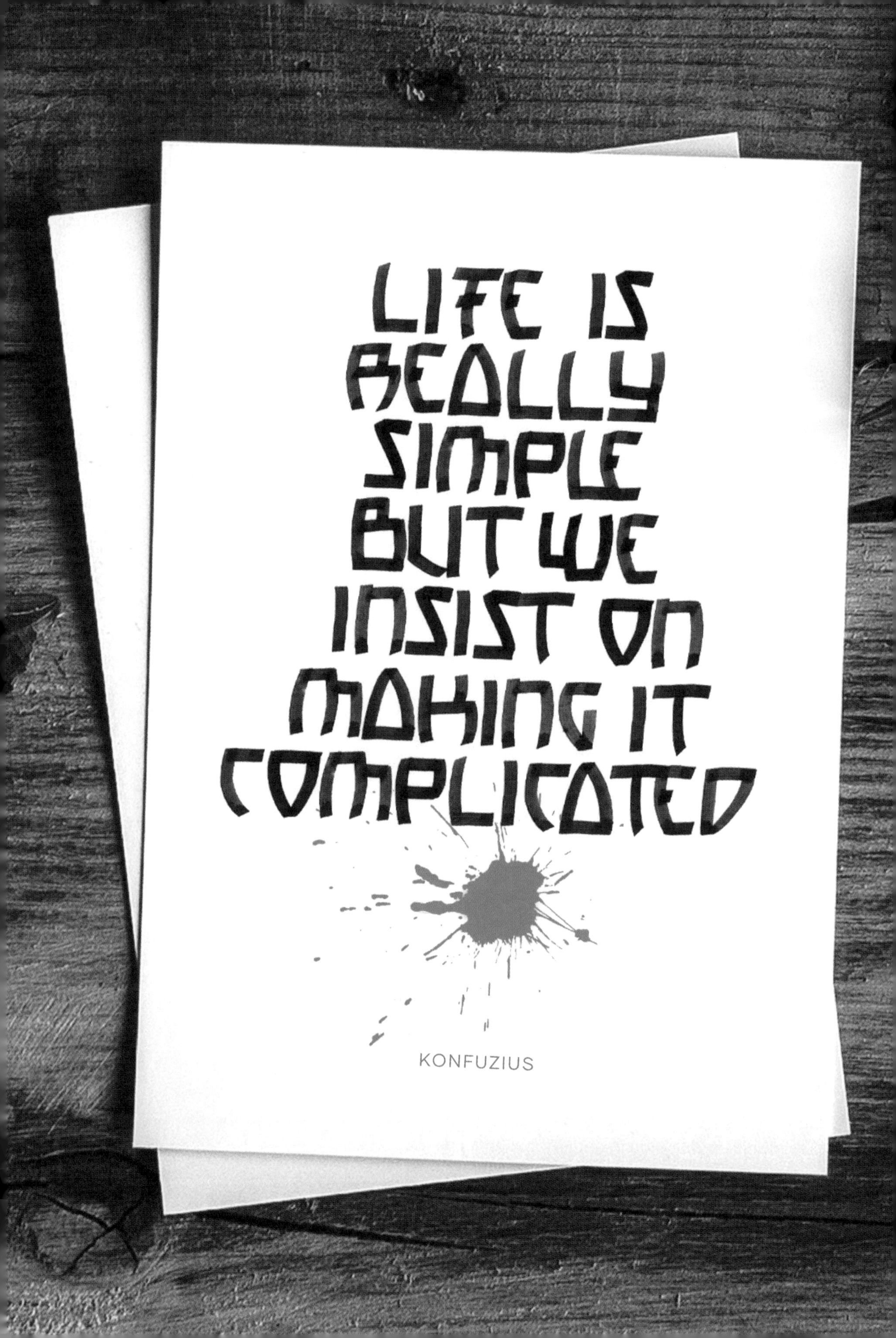

LIFE IS
REALLY
SIMPLE
BUT WE
INSIST ON
MAKING IT
COMPLICATED

KONFUZIUS

2

SCHRIFTEN

VERSALIEN SKETCH

RÖMISCH | MAJUSKELN [MODERNE VARIANTE]

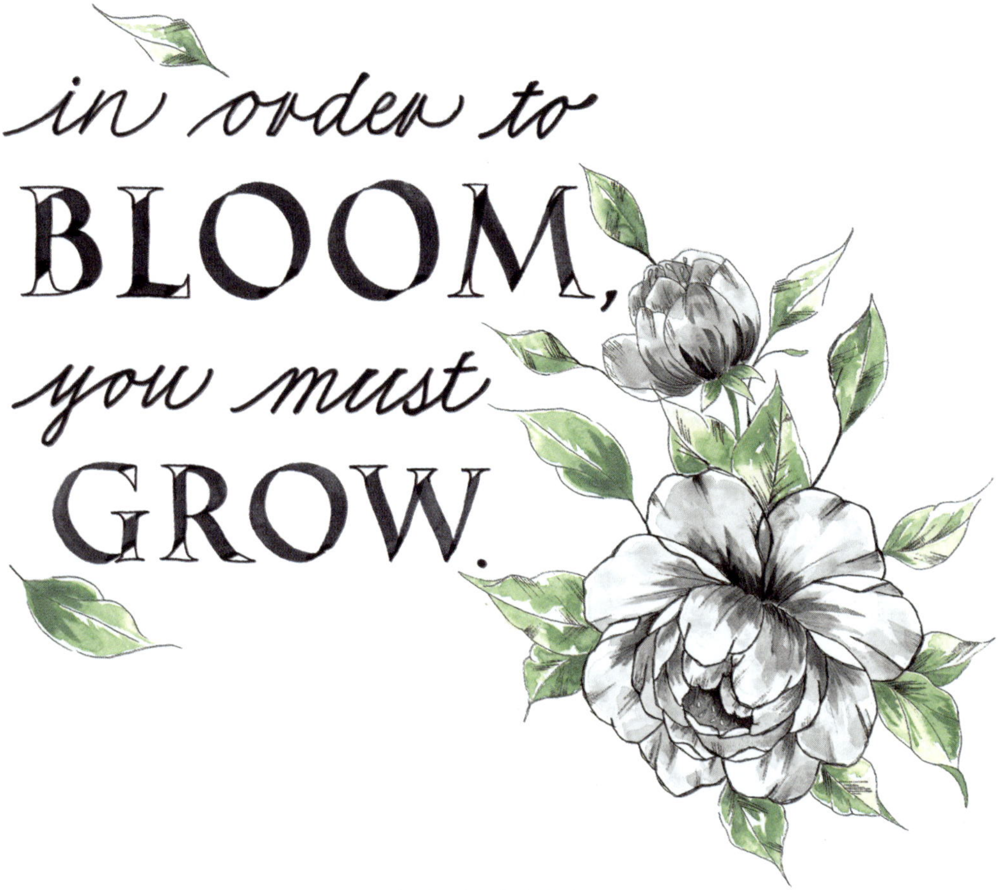

in order to
BLOOM,
you must
GROW.

ALY AUBREY

REIHENFOLGE DER STRICHE

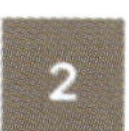

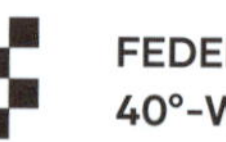

FEDERTREPPE: 0:7:0
40°-WINKEL

INFOS

Die **versale Sketch-Schrift** ist eine Variante der römischen Capitalis Monumentalis. Während die historische Schrift bis aufs Detail geometrisch ausgearbeitet wird, liegt das Hauptaugenmerk bei der Sketchvariante auf den einzelnen Buchstabenstämmen. Bis auf »O« und »Q« sind die Buchstaben »unvollständig« und erst durch die dazu gezeichneten Serifen komplett (gezogen mit Federkante, Fineliner, Spitzfeder o.Ä.).

CAPITALIS QUADRATA

RÖMISCH | MAJUSKELN

VERBA
VOLAN
T SRI
PTAMA
NENT

WORTE
FLIEGEN
SCHRIFT
BLEIBT

VERBA
VOLANT
SCRIPTA
MANENT

LAT. SPRICHWORT

REIHENFOLGE DER STRICHE

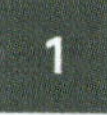

1 2 3 4 5 6 7

FEDERTREPPE: 0:4:0
90°-/5°-WINKEL

INFOS

Die **Capitalis Quadrata** ist eine Variation der C. Monumentalis. Die Konstruktion der Buchstaben orientiert sich an geometrischen Grundformen wie Kreis und Quadrat. Um eine Verwechslung von »E« und »F« wie auch »I« und »L« zu vermeiden, werden »F« und »L« über die Kopflinie hinausgezogen. Die Serifen beim »A«, »R«, »S«, »X« und »Z« werden mit der Federkante gezogen. Achtung: Das »R« hat einen dünnen Schaft.

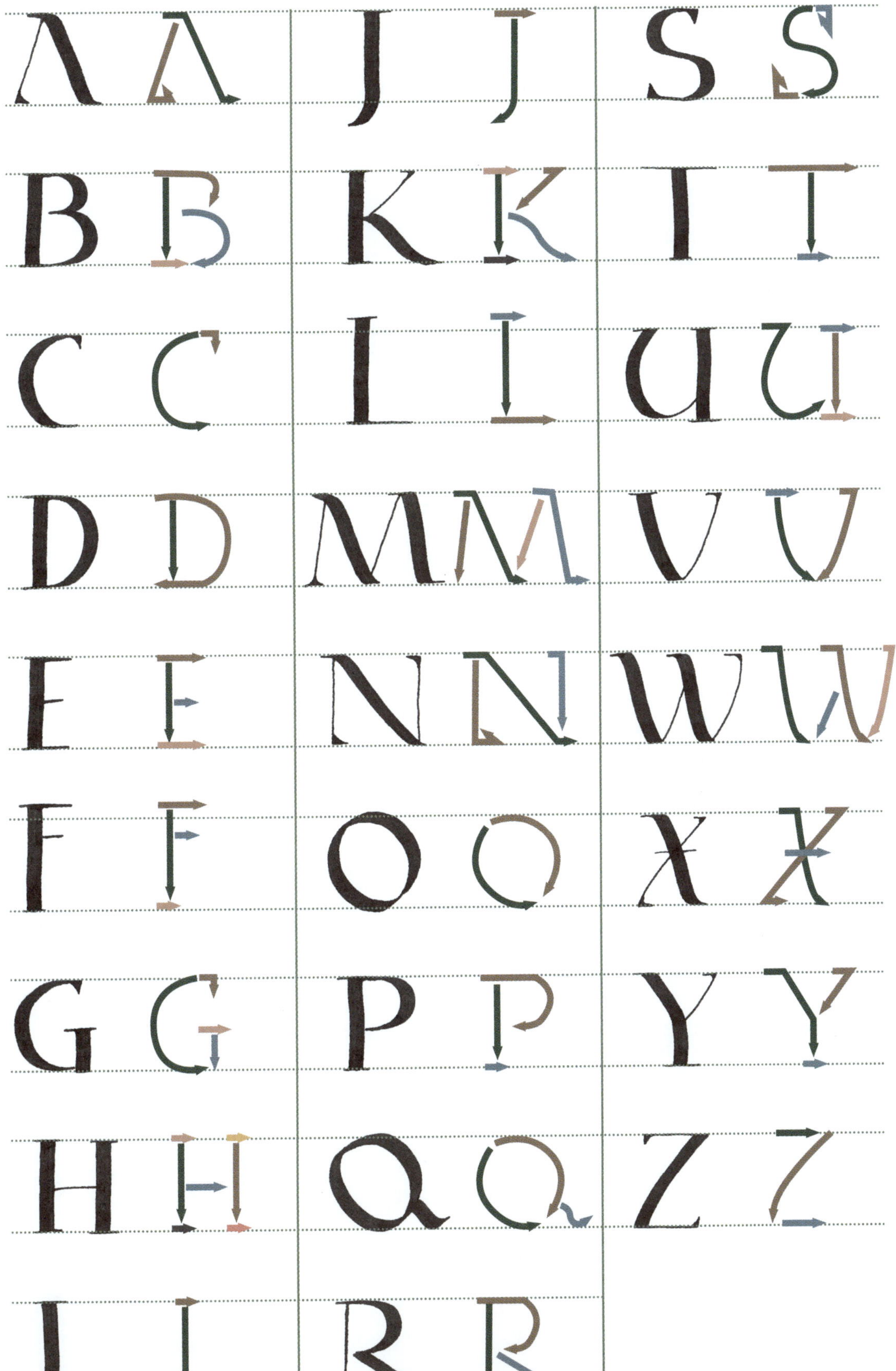

UNZIALE

POSTRÖMISCH | MAJUSKELN [MODERNE VARIANTE]

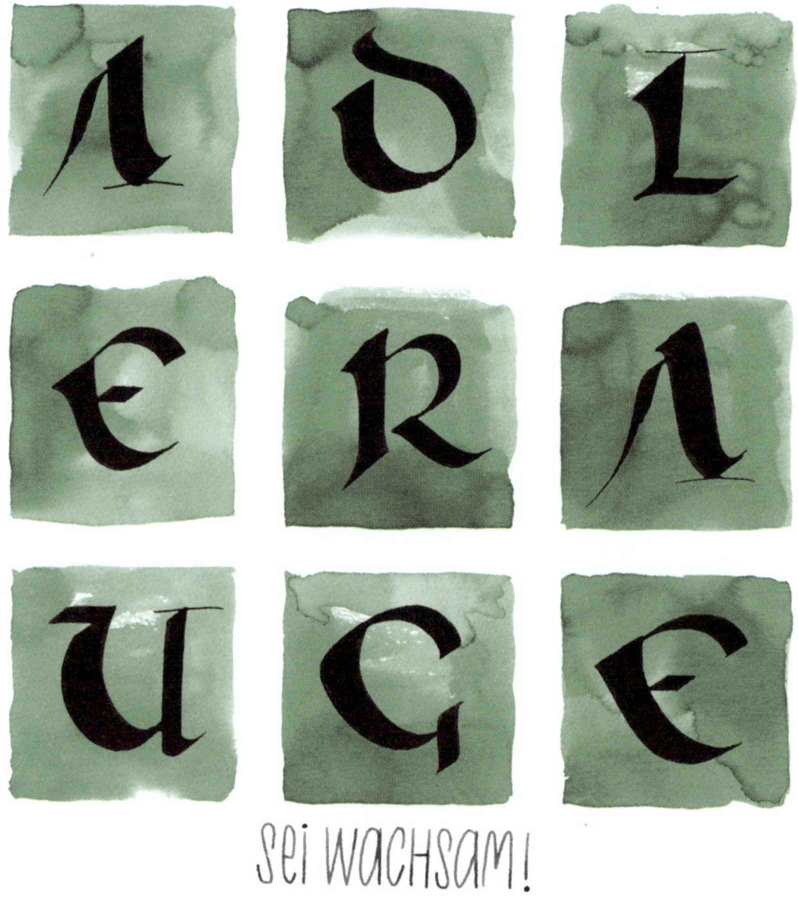

AUTOR UNBEKANNT

REIHENFOLGE DER STRICHE

 1 2  3  4  5 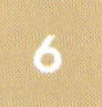 6

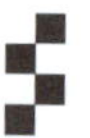

FEDERTREPPE: 1:6:1
30°-WINKEL

INFOS

Die **Unziale** ist die erste römische Schrift, die eher rundlich geschrieben wird, serifenlos ist und sehr gering ausgeprägte Ober- und Unterlängen aufweist. Bei der modernen Variation werden einzelne Buchstabenstämme verdickt und mit Ausbuchtungen, sogenannten »Keulen«, verstärkt. Die dicken Stämme werden mittels doppelten Strichs oder durch Drehung der Feder gezogen (gekennzeichnet durch Doppellinienpfeil).

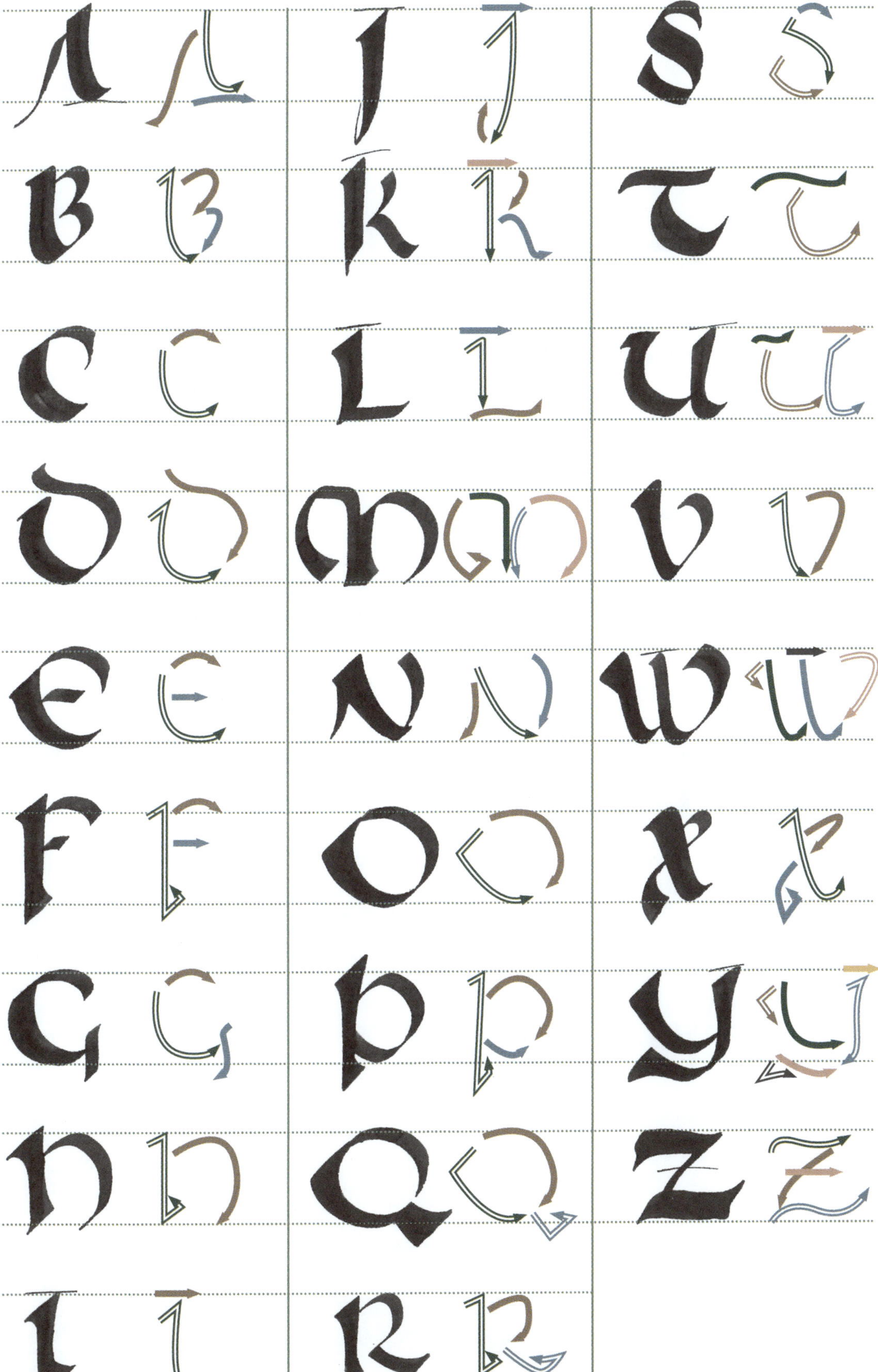

UNZIALE

POSTRÖMISCH | MAJUSKELN [GOTHIC VARIANTE]

NICHTS · KANN
EXISTIEREN · OHNE ·
ORDNUNG
NICHTS · KANN ·
ENTSTEHEN ·
OHNE · CHAOS

ALBERT EINSTEIN

REIHENFOLGE DER STRICHE

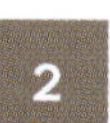

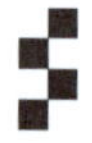

FEDERTREPPE: 1:6:2
45°-WINKEL

INFOS

Die Version der **gotischen Unziale** ist den gebrochenen Schriften nachempfunden, ohne dass die Schrift ihre typisch rundliche Charakteristik verliert. Im Gegensatz zur Originalschrift weist die moderne Version Serifen auf, die mit der Federkante gezogen werden. Ober- und Unterlängen sind auch hier sehr gering ausgeprägt. Die einzelnen Strichelemente werden mit Haarlinien miteinander verbunden.

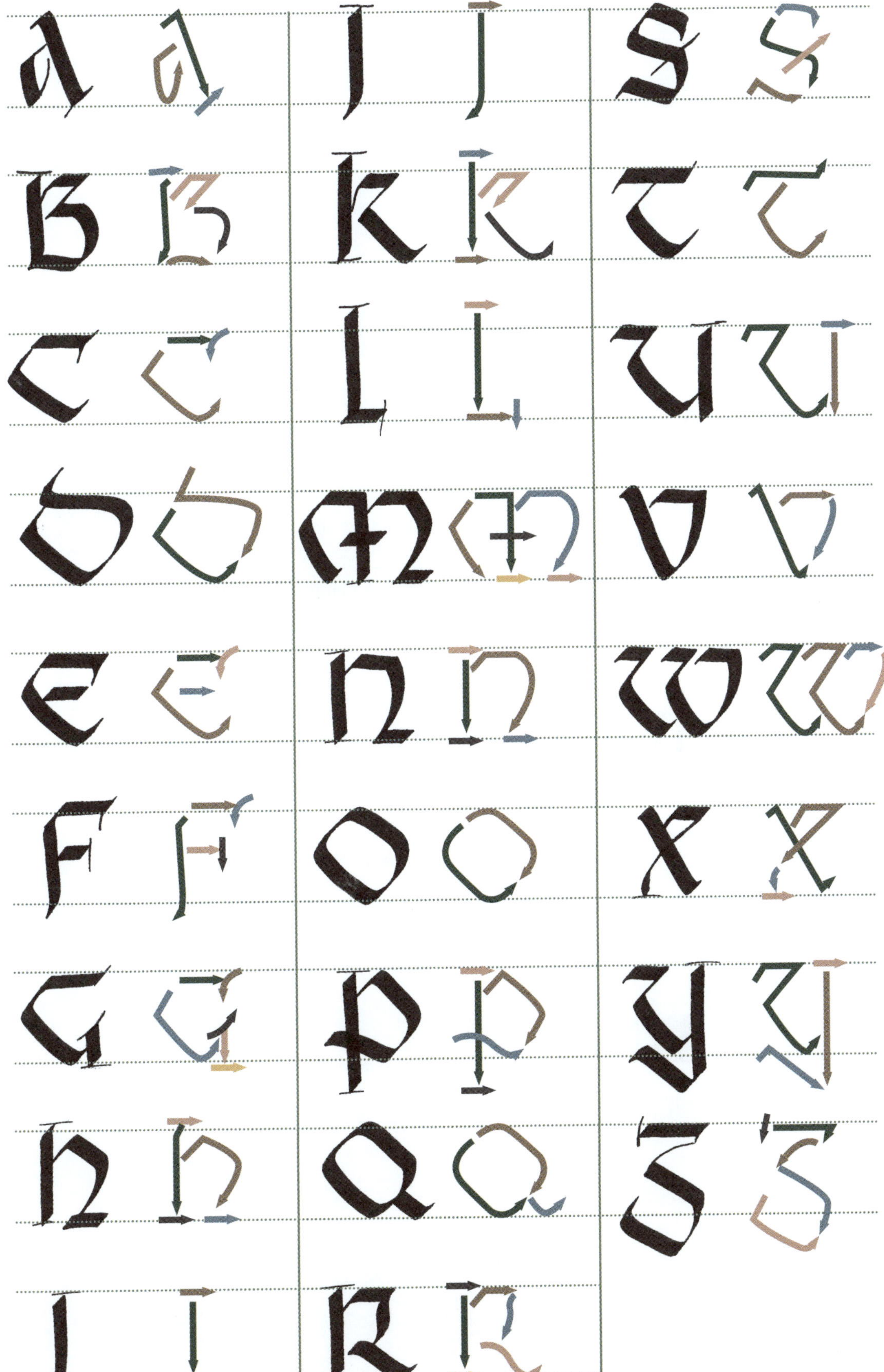

TEXTURA

GOTISCH | MAJUSKELN [MODERNE VARIANTE]

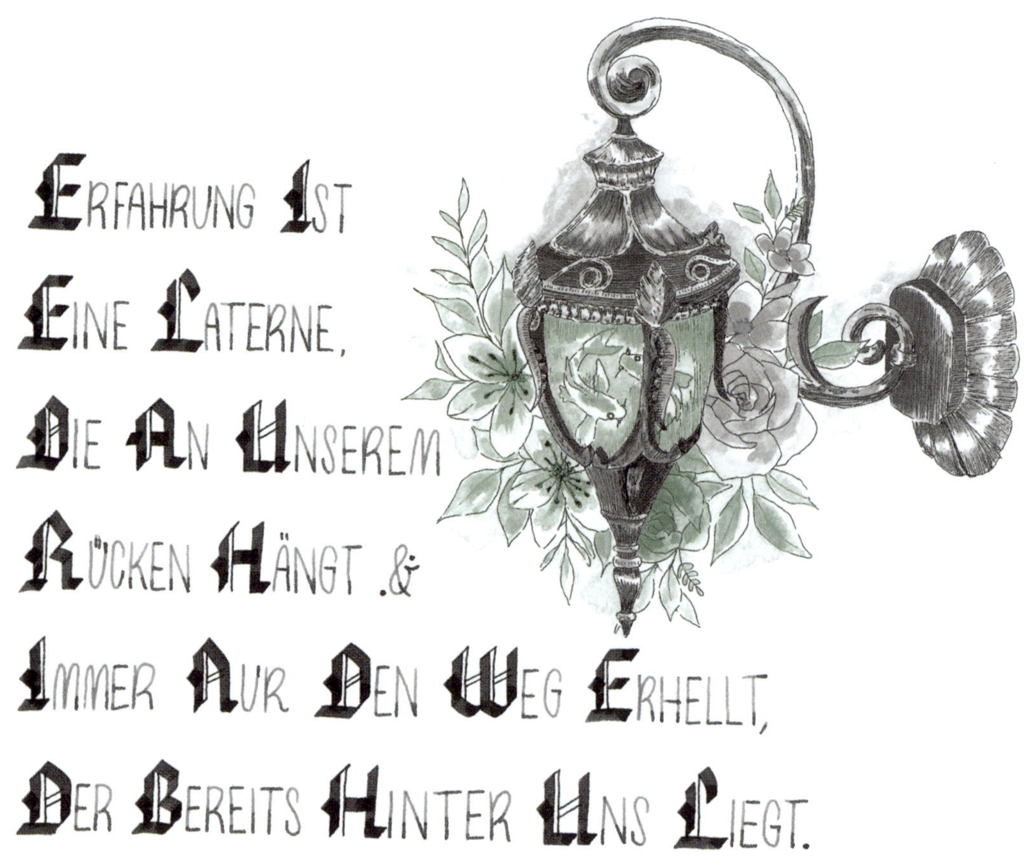

KONFUZIUS

REIHENFOLGE DER STRICHE

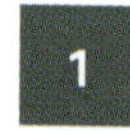

2

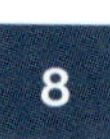

FEDERTREPPE: 1:7:2
40°-WINKEL

INFOS

Die Buchstaben der **Textura**, historisch wie auch modern, weisen einen sehr kantigen Charakter auf. Bei beiden Versionen erscheint das Schriftbild wie gewebt. Im Gegensatz zur historischen Textura wird die moderne Variante nicht mit rautenförmigen Füßchen geschrieben, sondern die einzelnen Striche werden im 90°-Winkel weitergezogen. Die Haarlinien in den Versalien werden mit steiler Federspitze gezogen.

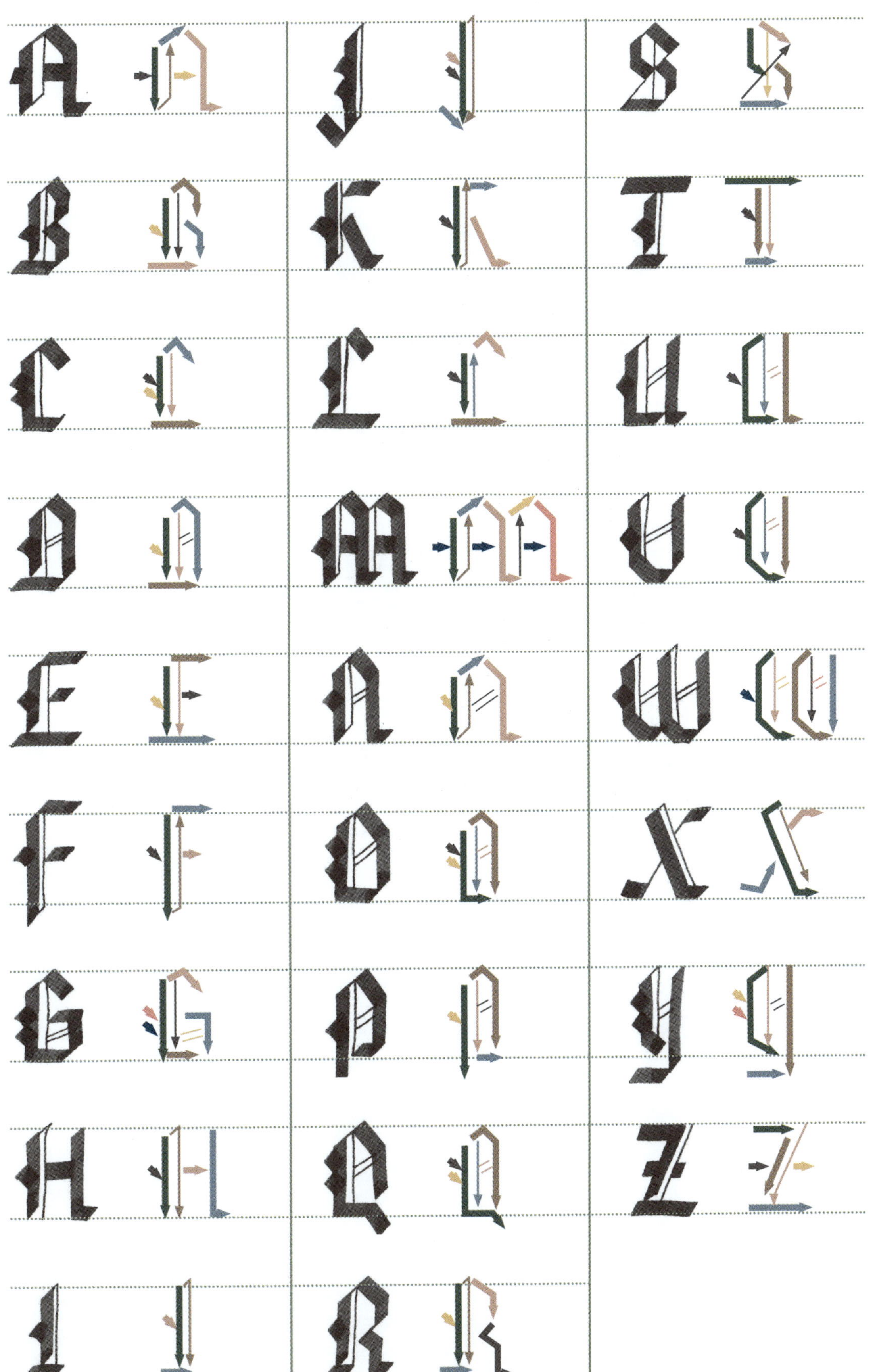

TEXTURA

GOTISCH | MINUSKELN [MODERNE VARIANTE]

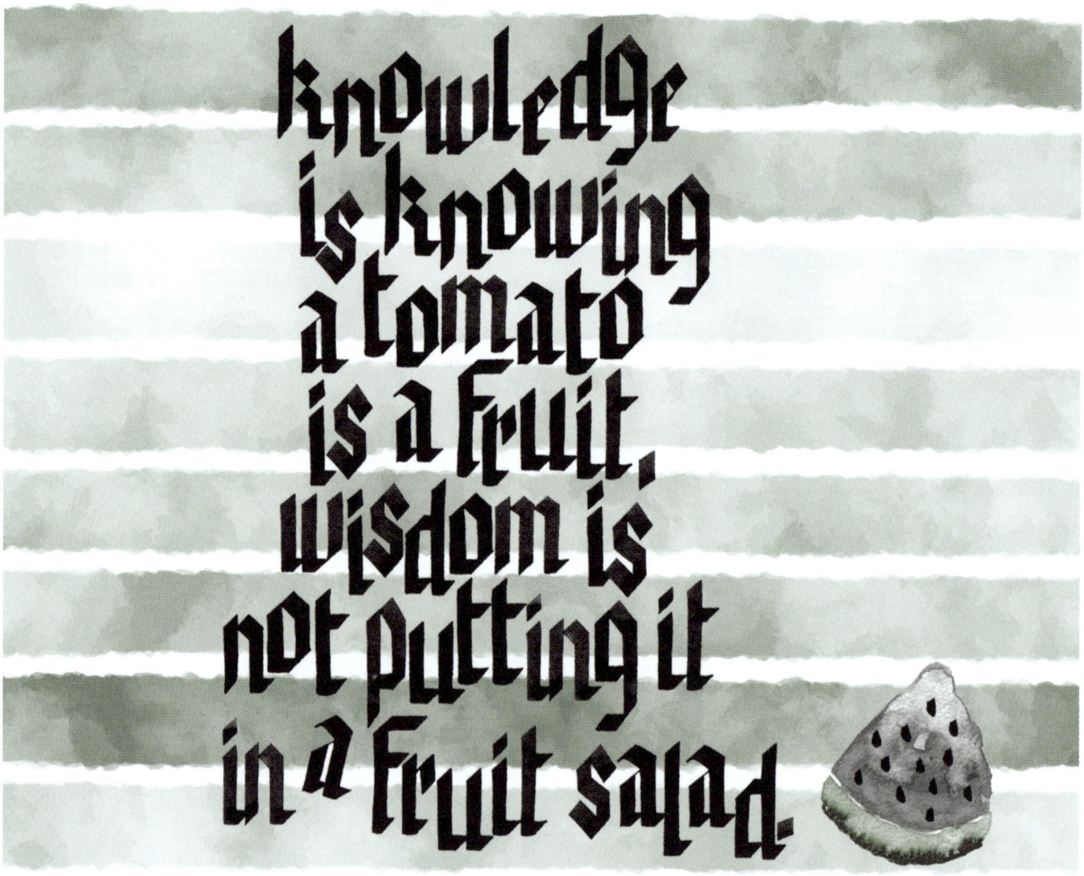

knowledge
is knowing
a tomato
is a fruit,
wisdom is
not putting it
in a fruit salad.

BRIAN O'DRISCOLL

REIHENFOLGE DER STRICHE

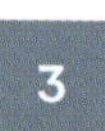

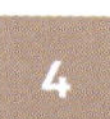

FEDERTREPPE: 2:5:2
40°-WINKEL

INFOS

Die Minuskeln der **modernen Textura** zeigen sehr deutlich, wie gradlinig die Schrift geschrieben werden sollte. Der Buchstabenabstand ist sehr gering und der Endpunkt des Buchstabens berührt den darauffolgenden. So entsteht auch bei der modernen Version ein einheitliches Schriftbild. Um den Text aufzulockern, können die Buchstaben auch tanzend angeordnet werden (Bouncing, siehe Bild oben).

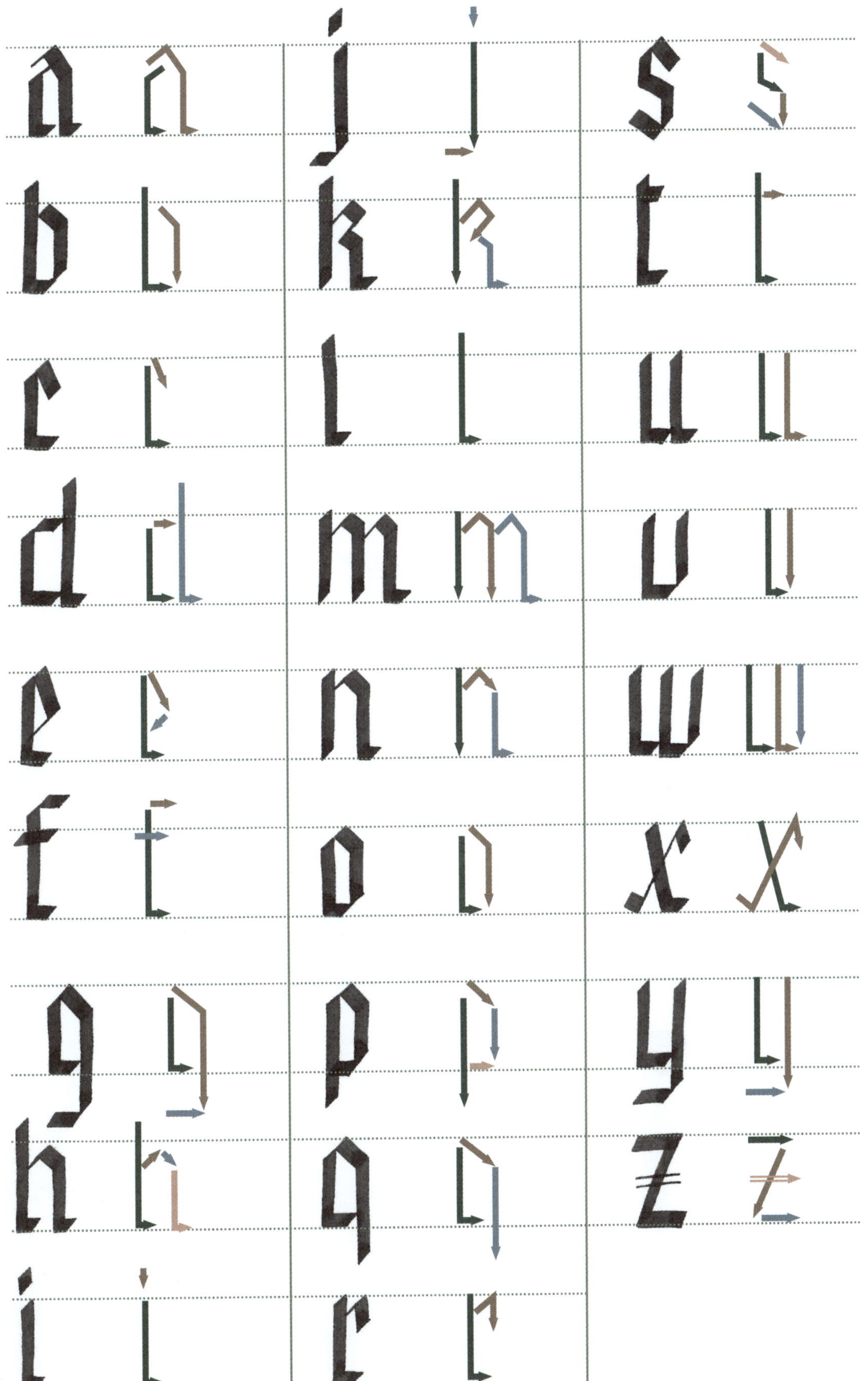

SCHWABACHER

GOTISCH | MAJUSKELN [MODERNE VARIANTE]

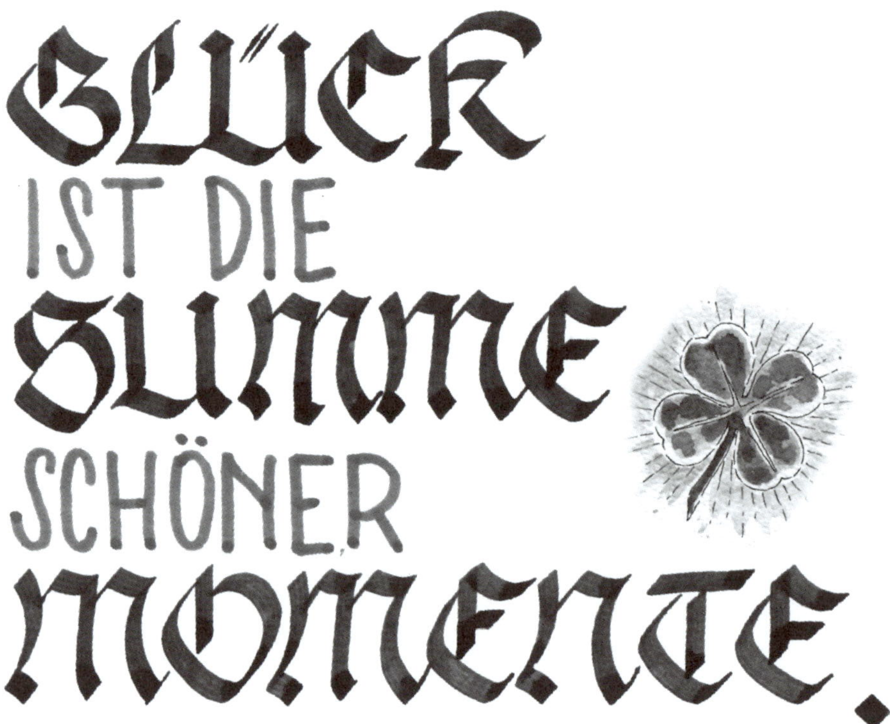

CLAUS LONGERICH

REIHENFOLGE DER STRICHE  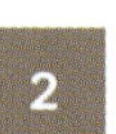  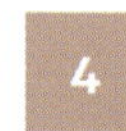 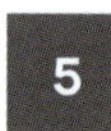 

 **FEDERTREPPE: 0:6:2**
40°- BIS 45°-WINKEL

INFOS

Die **Schwabacher** gehört zu den gebrochenen Schriften, hat aber durch ihre Rundungen eine größere Laufweite und ist nicht sehr streng formal in ihrer Optik. Die Schwabacher ist eine rundere Alternativschrift zu den streng gotisch gestalteten Textura- und Frakturschriften. Das Schriftbild, insbesondere der Großbuchstaben, ist weitgreifend und großzügig in seiner Breite.

SCHWABACHER

GOTISCH | MINUSKELN [MODERNE VARIANTE]

GEORGE BERNARD SHAW

REIHENFOLGE DER STRICHE

1
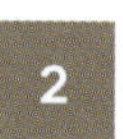
2
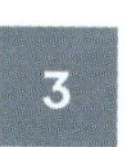
3

4

5

6
7

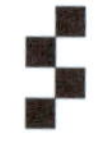

FEDERTREPPE: 2:4:2
40°- BIS 45°-WINKEL

INFOS

Die Minuskeln der **Schwabacher** weisen an den vertikalen Schäften kleine Rechtecke auf, sogenannte Quadrangeln. Beim »m« und »n« sind die Bogenverbindungen der Quadrangeln sehr deutlich erkennbar. Die Schrift ist in ihrer Dickte breitlaufender, wirkt nicht so verwoben wie andere gebrochene Schriften und ist somit leichter lesbar. Ober- und Unterlängen sind nur gering ausgeprägt.

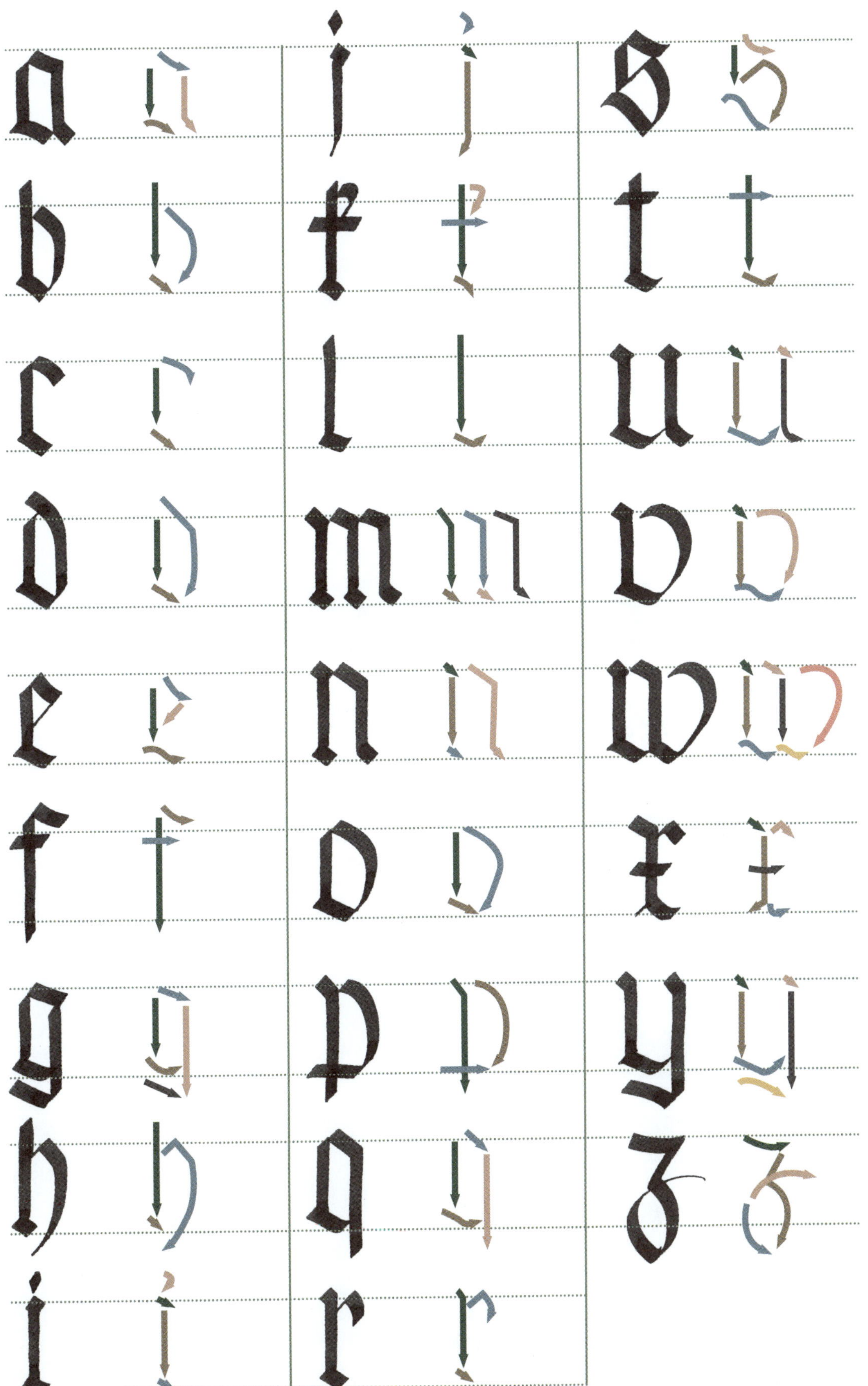

BASTARDA

GOTISCH | MAJUSKELN

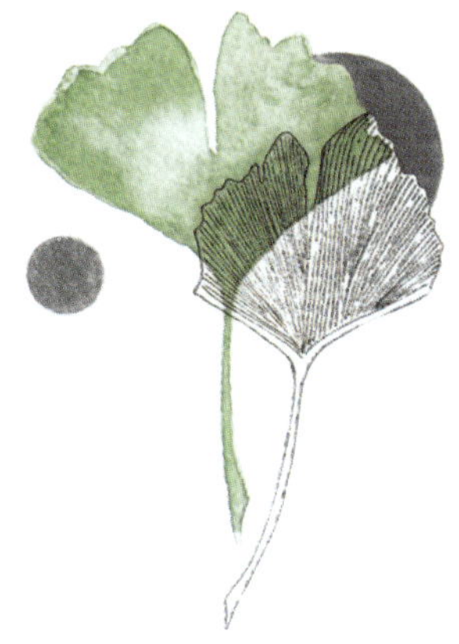

the FUTURE
has an ancient
HEART.

CARLO LEVI

REIHENFOLGE DER STRICHE  1 2 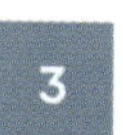 3  4 5 6 7

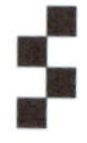 **FEDERTREPPE: 1:6:2**
40°- BIS 45°-WINKEL

INFOS

Die **Bastarda** ist eine gotische, gebrochene Schrift, wird aber auch als Mischform angesehen, da sie die Kursivität einer Kanzleischrift mit den stark formalen Elementen der Texturaschrift vereint. Die Majuskeln sind weit, geschwungen und wenig gebrochen. Typisch sind auch die dekorativen Schlingen, die an eine »2« erinnern, wie auch kleine »Schnörkel« (Fishtails) bei den Buchstaben »O«, »P« und »Q«.

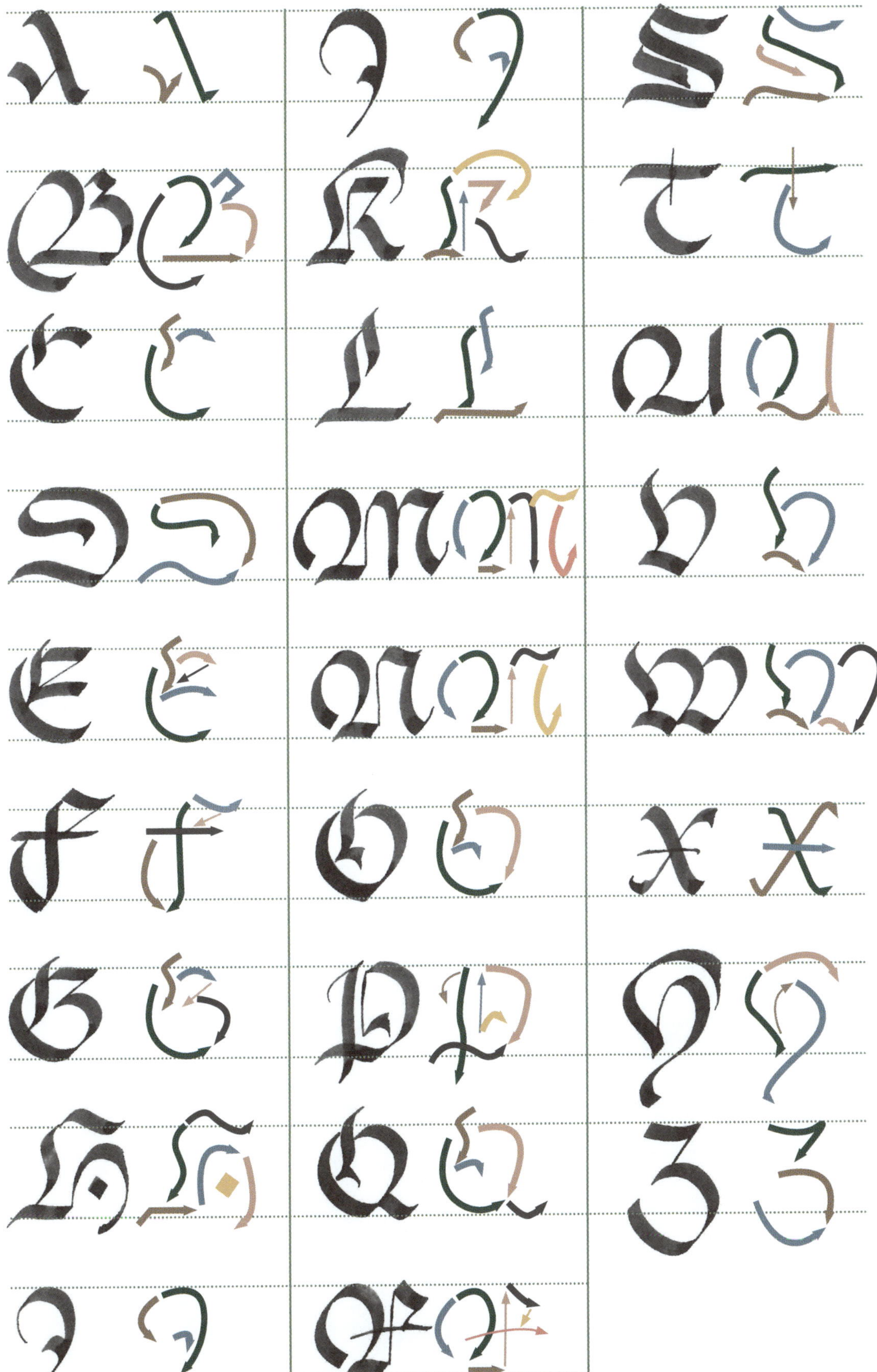

BASTARDA

GOTISCH | MINUSKELN

mach was
du kannst,
mit dem, was
du hast, wo
du auch bist.

THEODORE ROOSEVELT

REIHENFOLGE DER STRICHE

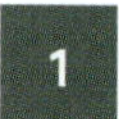

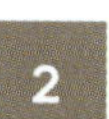

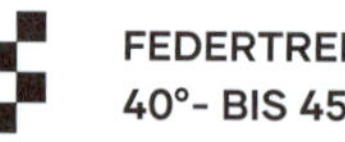

FEDERTREPPE: 2:4:2
40°- BIS 45°-WINKEL

INFOS

Die Minuskeln der **Bastarda** werden relativ breit und auch schwunghaft geschrieben. Sie weisen kaum Brechungen auf, was eine gute Lesbarkeit verspricht. Kennzeichen der Bastarda sind das einstöckige »a« wie auch die Verdickung am Schaft des »f«, welches mit der Feder doppelt gezogen wird. Das lange »s« (hier nicht aufgeführt) wird wie das »f« nur ohne Querbalken geschrieben.

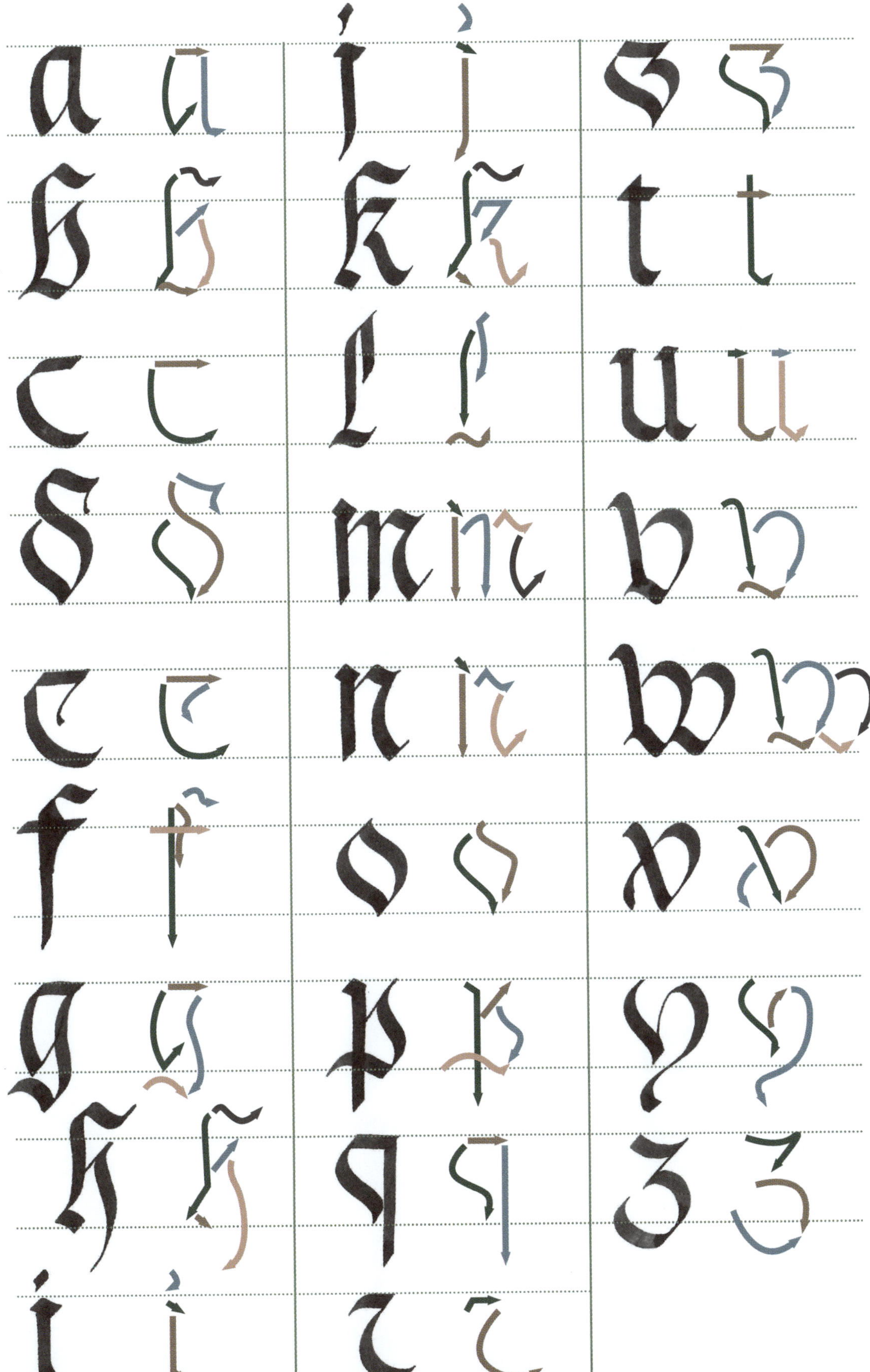

FOUNDATIONAL HAND

RENAISSANCE | MAJUSKELN

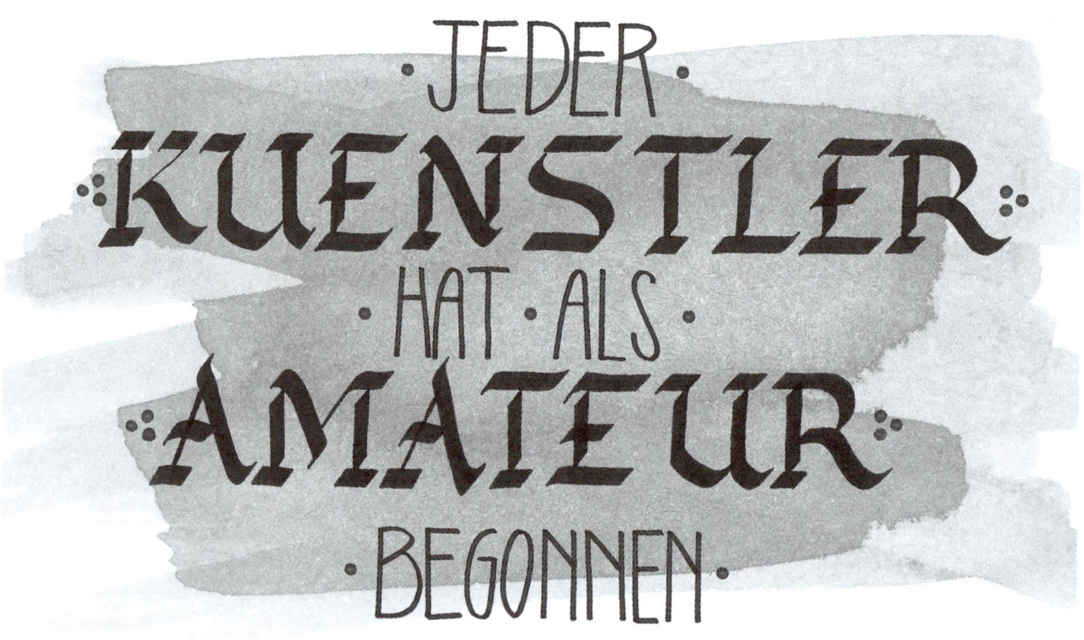

RALPH WALDO EMERSON

REIHENFOLGE DER STRICHE

1
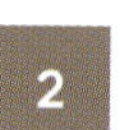
2
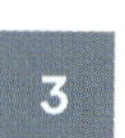
3

4
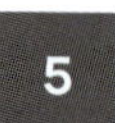
5

6

7

FEDERTREPPE: 0:8:0
30°- BIS 45°-WINKEL

INFOS

Die Majuskeln der **Foundational Hand** haben ihren Ursprung in der römischen Capitalis Monumentalis und durch die stark akzentuierten Serifen aber auch einen gotischen Charakter. Die einzelnen Buchstaben sind klar, formell und sehr gut lesbar. Auch wenn die einzelnen Elemente der Buchstaben Strich für Strich gezogen werden, ist diese Schrift einfach in ihrer Umsetzung.

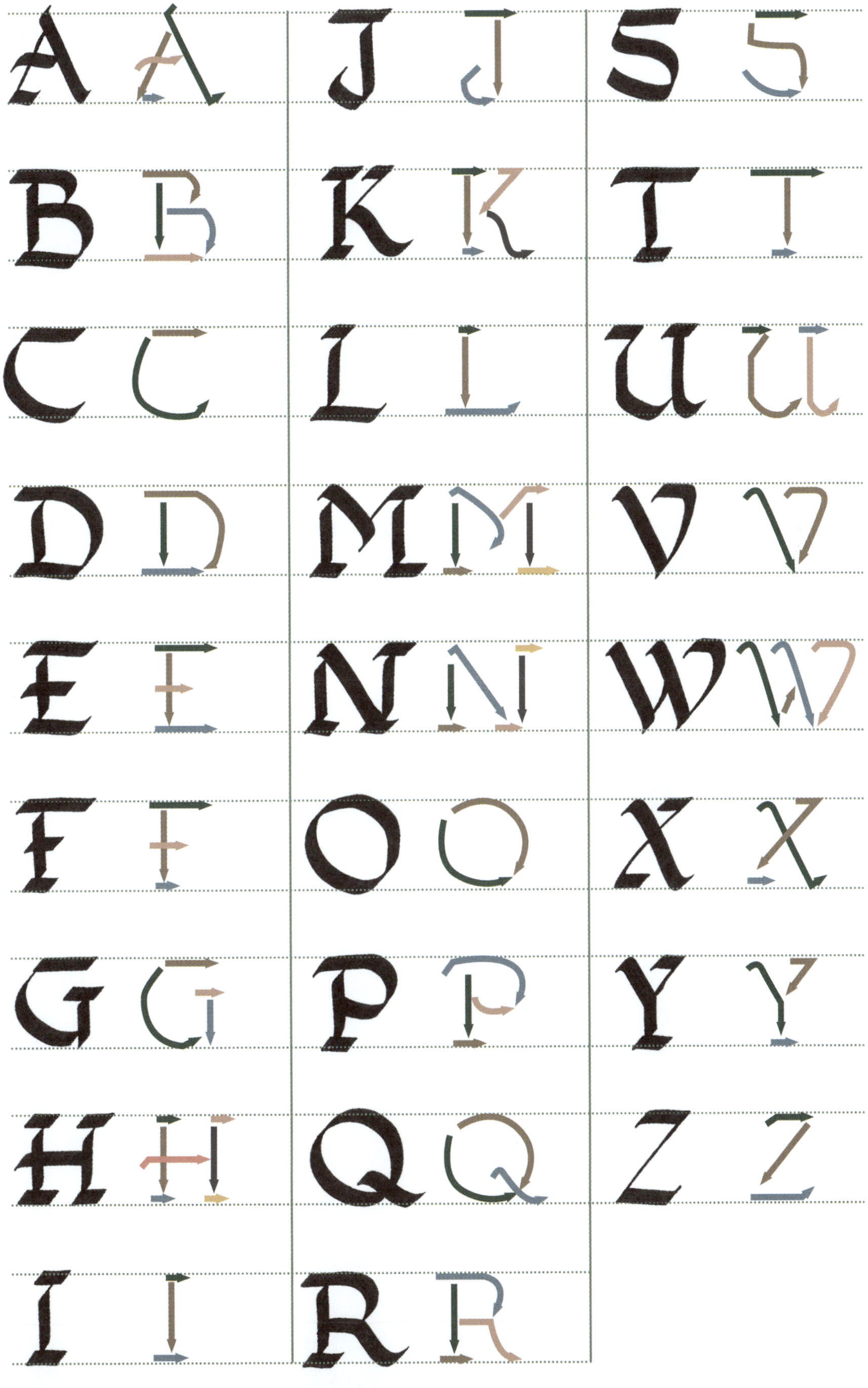

A A J J S S
B B K K T T
C C L L U U
D D M M V V
E E N N W W
F F O O X X
G G P P Y Y
H H Q Q Z Z
I I R R

FOUNDATIONAL HAND

RENAISSANCE | MINUSKELN

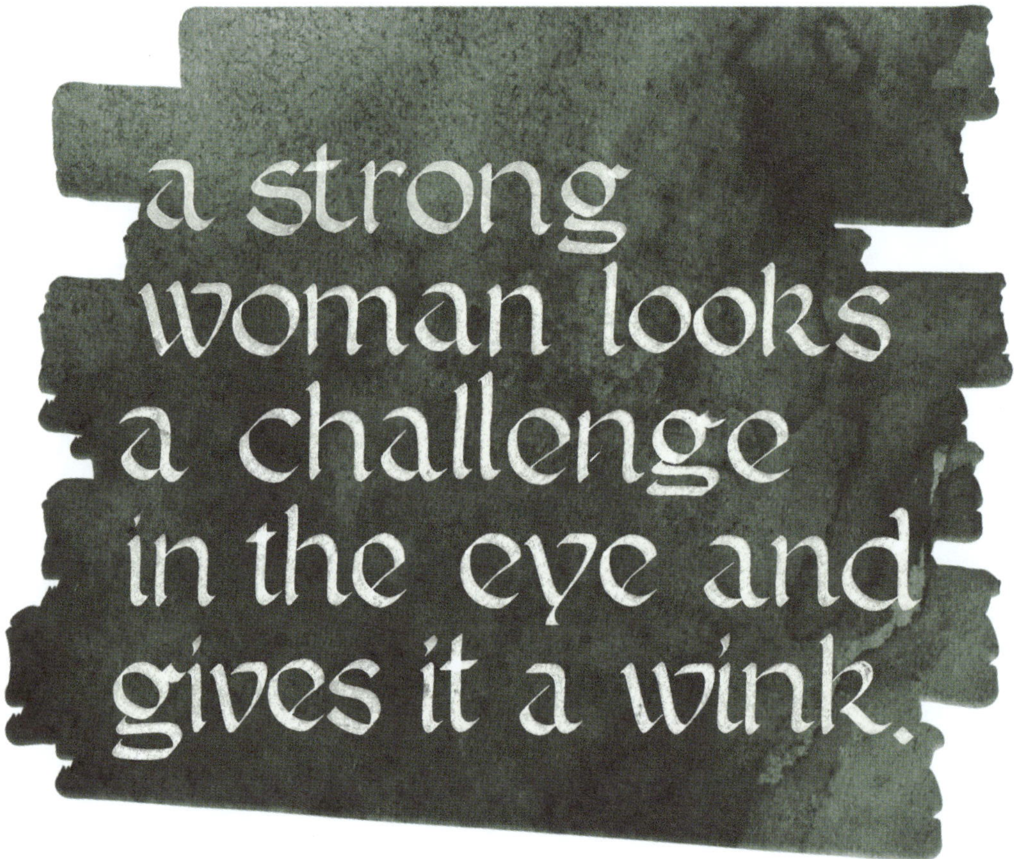

GINA CAREY

REIHENFOLGE DER STRICHE

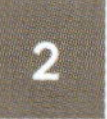

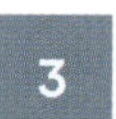

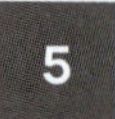

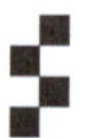

FEDERTREPPE: 2:4:2
30°- BIS 45°-WINKEL

INFOS

Die Minuskeln der **Foundational Hand** sind eine Ableitung der karolingischen Minuskel. Die Buchstabendickte ist breiter und orientiert sich, bis auf wenige Ausnahmen, an den geometrischen Formen wie Kreis und Quadrat. Die Über- und Unterlängen wie auch Anfangs- und Endpunkte beginnen oder enden mit einem kleinen Häkchen: »b«, »n« ...

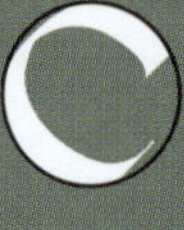

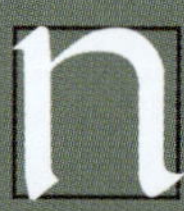

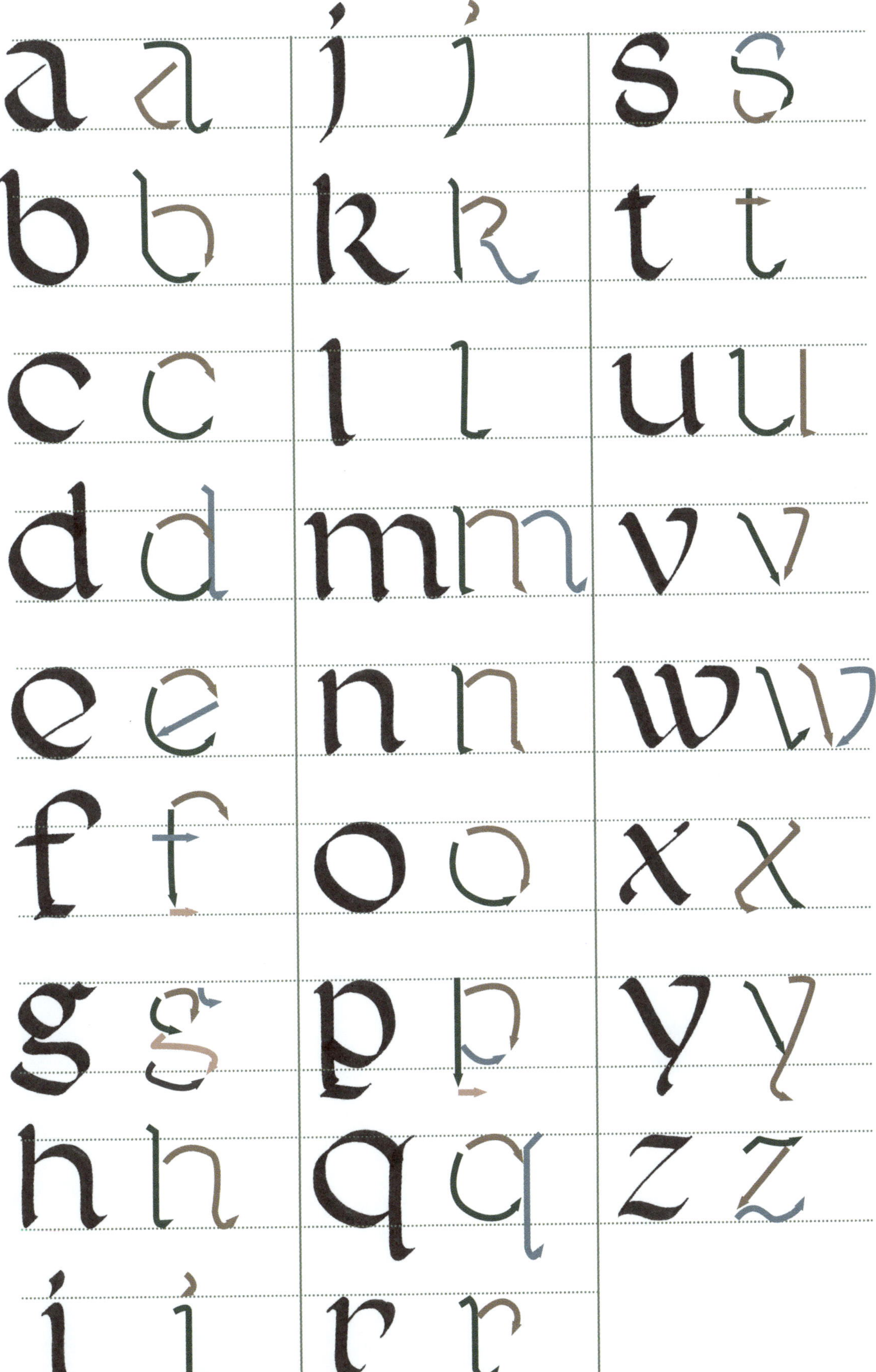

STITCH

RENAISSANCE | MAJUSKELN [DEKORATIV]

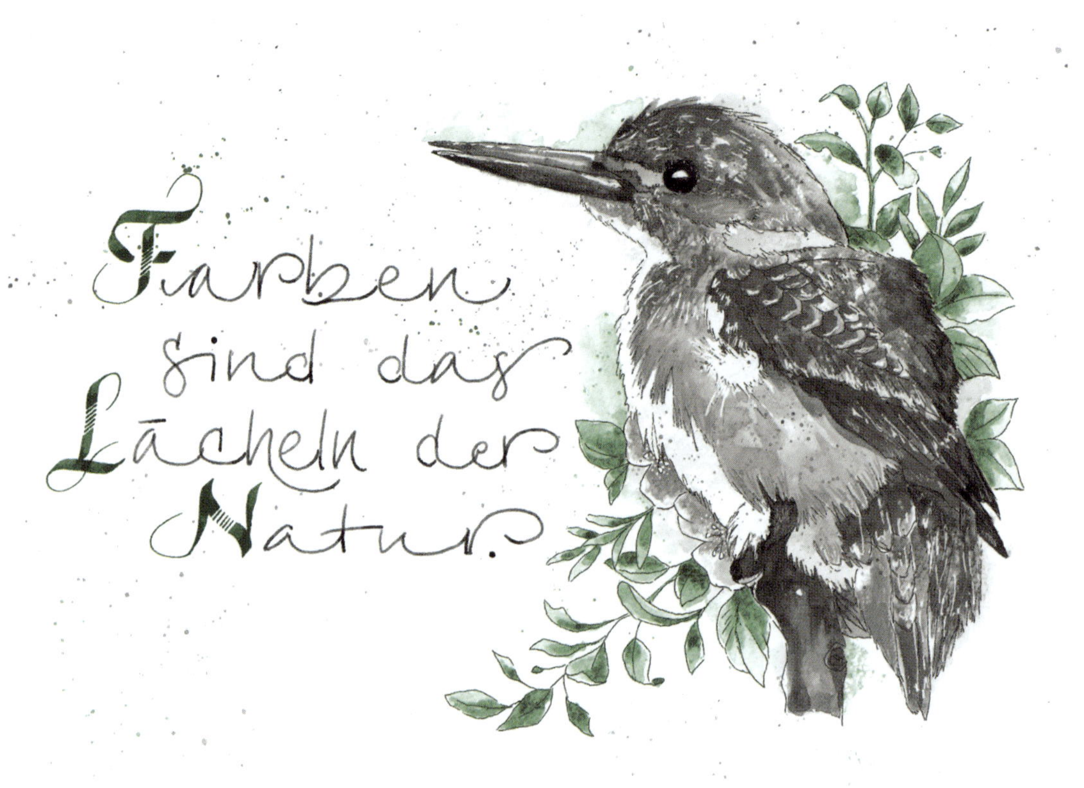

LEIGH HUNT

REIHENFOLGE DER STRICHE

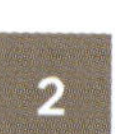

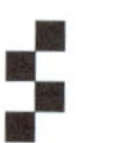

FEDERTREPPE: 1:8:2
40°- BIS 45°-WINKEL

INFOS

Die **Stitch** (dt. Stich) basiert auf der humanistischen Minuskel. Die Stichmuster in den einzelnen Strichen erinnern an eine Stickerei und werden durch punktuelles »Ansetzen und Abheben« mit voller Federbreite in den Strichverlauf integriert. Die »Stitchfolge« kann in ihrer Länge nach Belieben gesetzt werden. Es ist auch möglich, den gesamten Buchstaben zu stitchen.

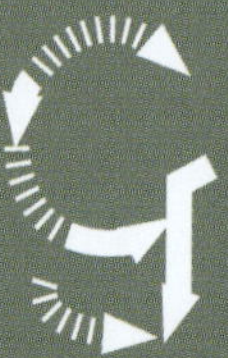

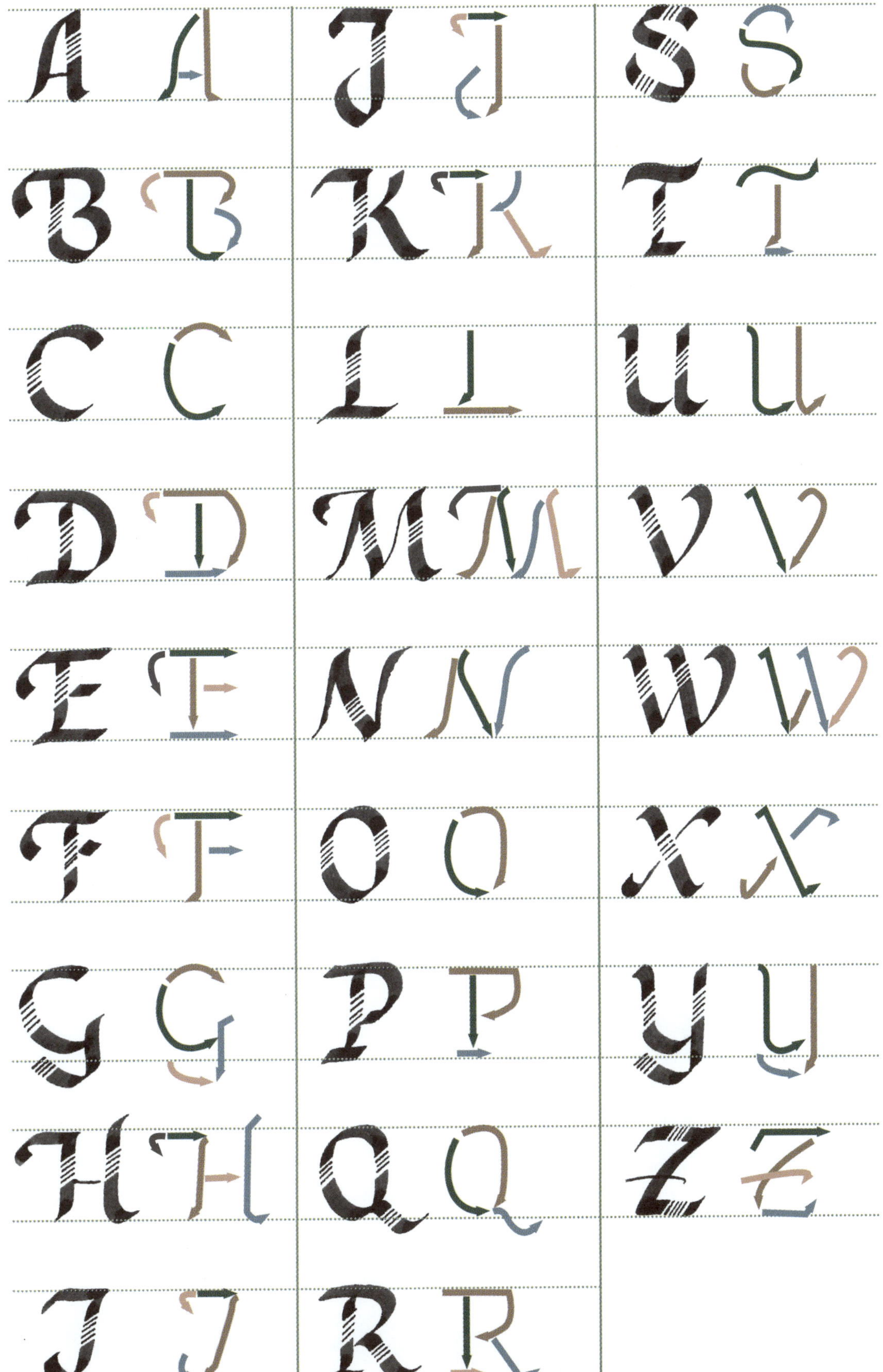

STITCH

RENAISSANCE | MINUSKELN [DEKORATIV]

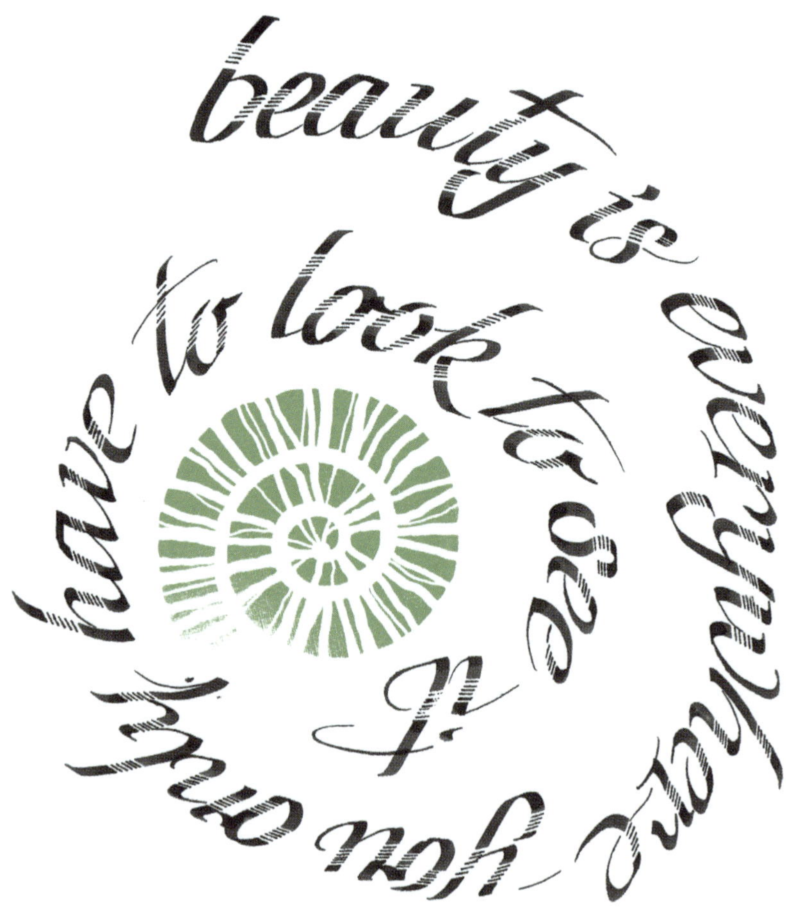

BOB ROSS

REIHENFOLGE DER STRICHE

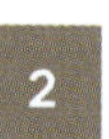

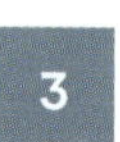

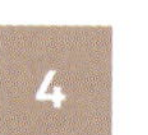

FEDERTREPPE: 2:5:2
30°-WINKEL

INFOS

Die Minuskeln der **Stitch**-Schrift sind der Foundational Hand ähnlich, unterscheiden sich aber vor allem in ihrer Dickte (gesamte Buchstabenbreite). Während sich die Foundational eher an dem vollkommenen Kreis orientiert, so sind die Buchstaben der Stitch nicht so rundlich, sondern eher spitzer in einem Oval zulaufend.

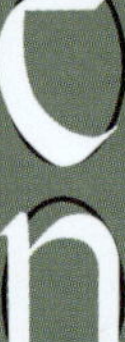

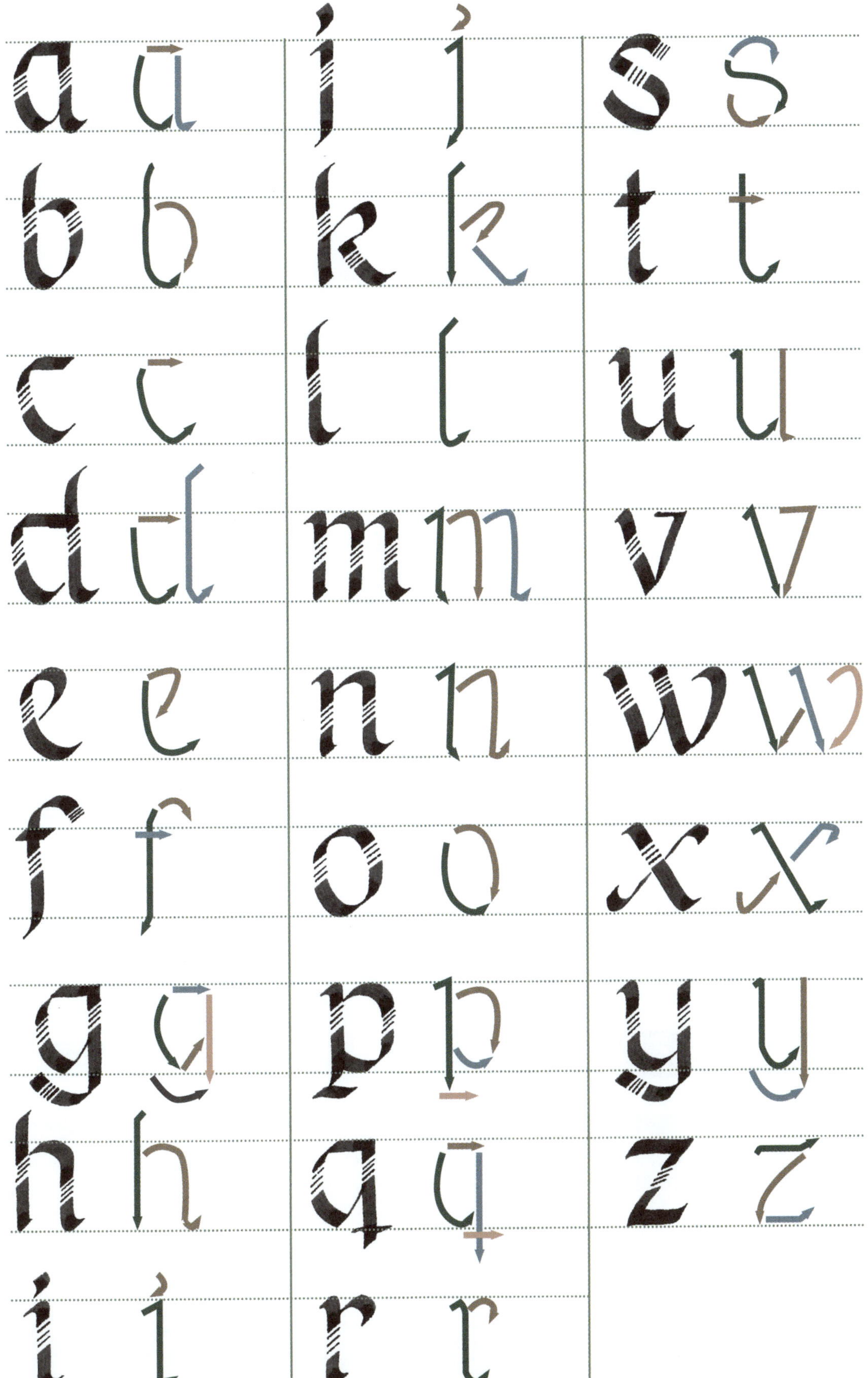

JUGENDSTIL #1

ART NOUVEAU | MAJUSKELN

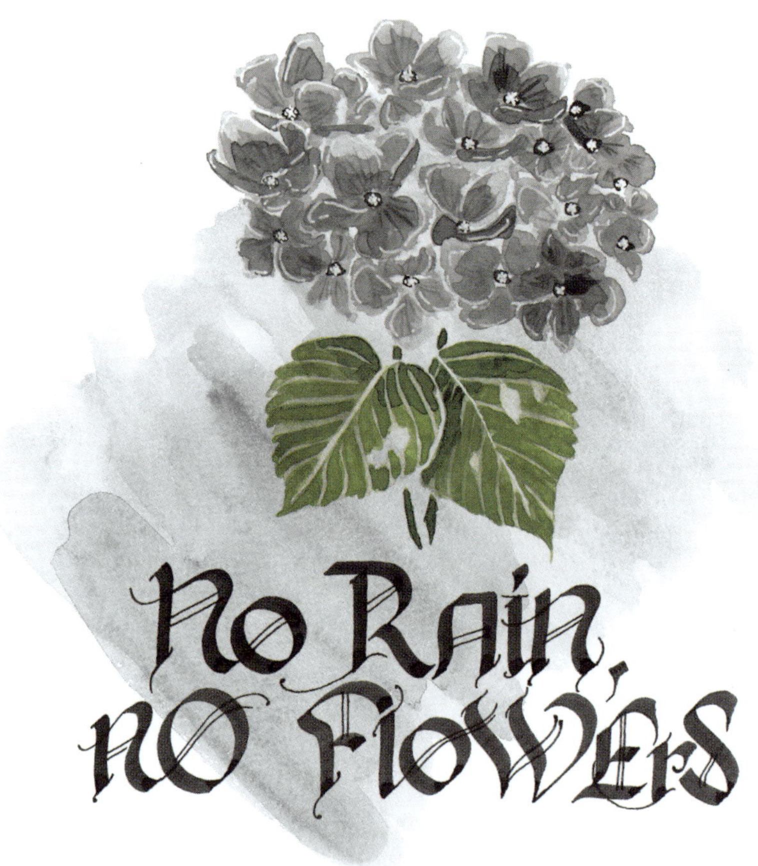

AUTOR UNBEKANNT

REIHENFOLGE DER STRICHE

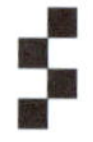

FEDERTREPPE: 1:8:1
40°- BIS 55°-WINKEL

INFOS

Mit **Jugendstil** (oder auch »Art Nouveau«) ist die Zeit an der Wende vom 19. zum 20. Jahrhundert gemeint, eine Zeit zwischen Historismus und Moderne. Das Schriftbild des Jugendstils ist elegant, klassisch und oftmals sehr dekorativ mit Schnörkeln, hauchdünnen Strichen und Serifen in Szene gesetzt. Hauptmerkmal sind auch geschwungene Strichelemente, die das goldene Zeitalter mit ihrer Leichtigkeit widerspiegeln.

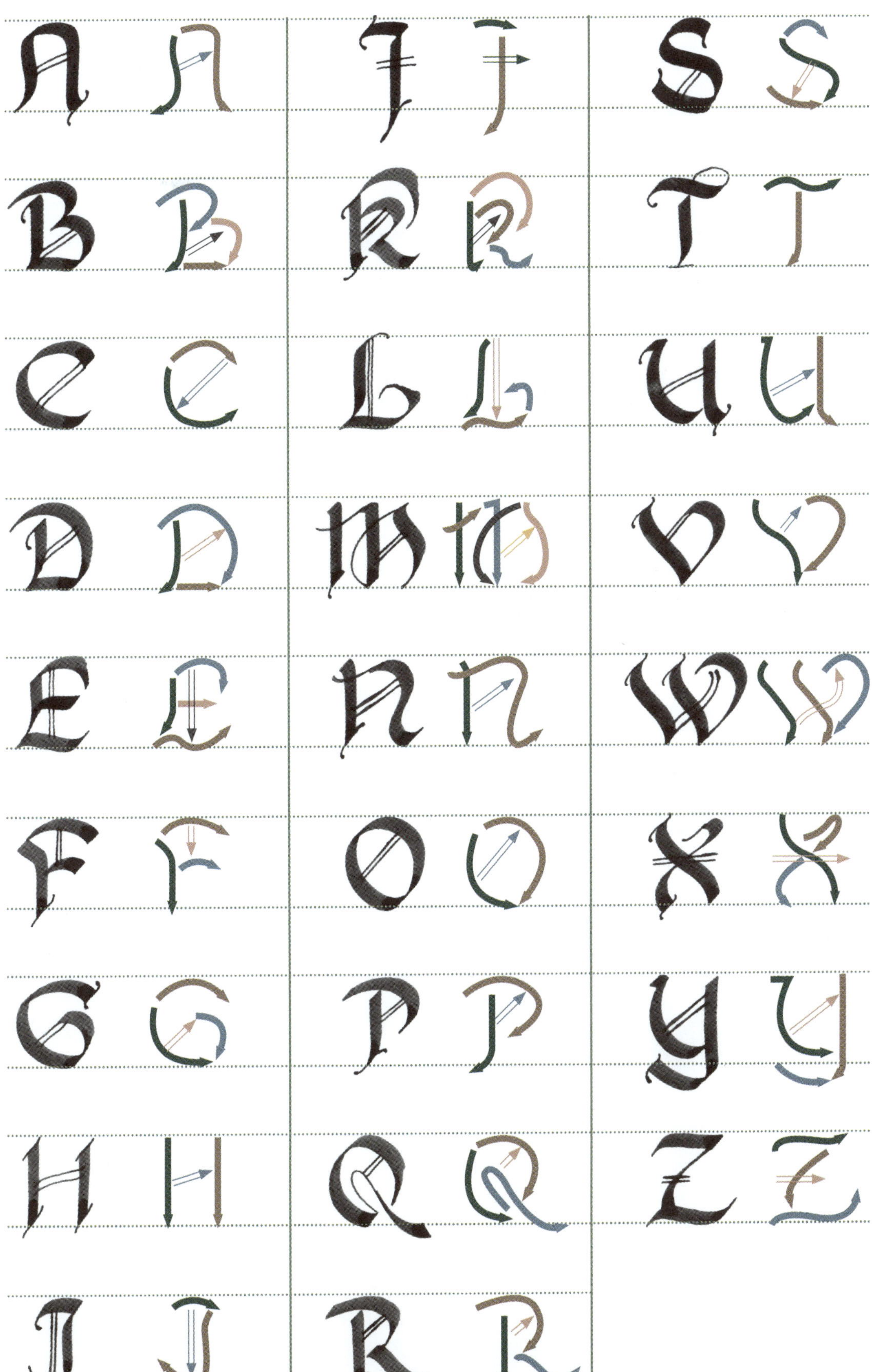

JUGENDSTIL #2

ART NOUVEAU | MAJUSKELN

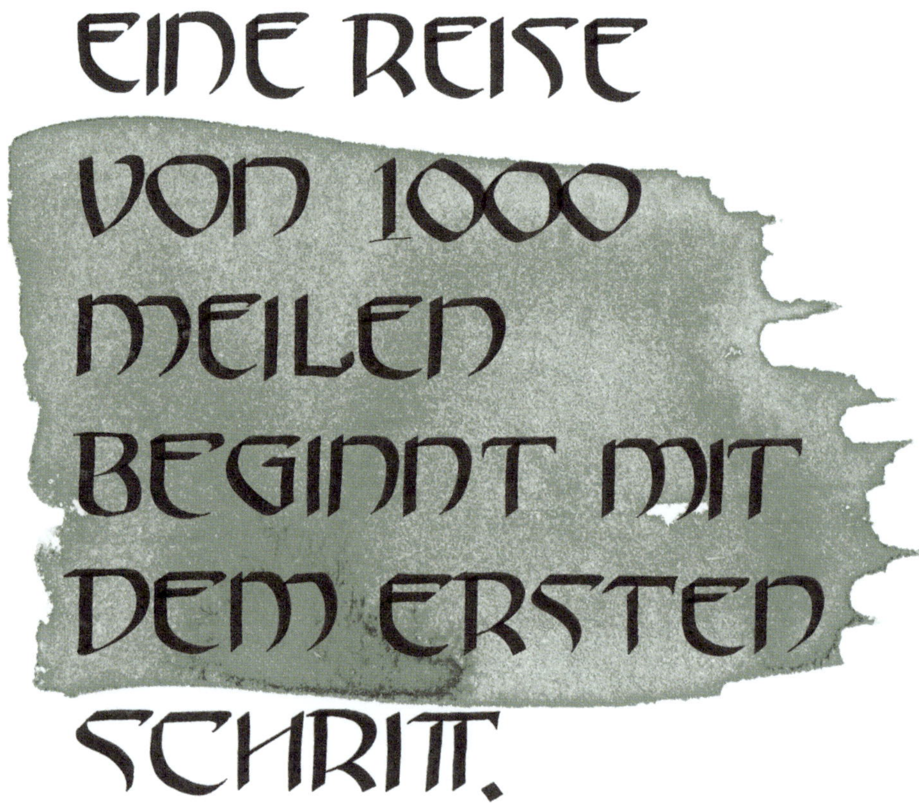

LAO-TSE

REIHENFOLGE DER STRICHE

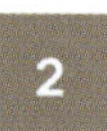

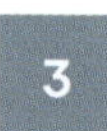

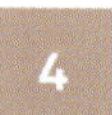

FEDERTREPPE: 0:8:0
10°BIS 15°-WINKEL

INFOS

Bei der Schrift **Jugendstil #2** ist besonders die hohe Taille (Querstriche bei »E«, »F«, »K« ...) sehr auffällig. Der Buchstabenkörper ist oben stark verkürzt und wird nach unten hin in die Länge gezogen. Die Querstriche beim »A« und »H« sind feine Haarlinien, die diagonal gezogen werden. Diese Jugenstil-Variante ist klarer und weniger verspielt. Sie orientiert sich geometrisch an ein nach unten hin spitz zulaufendes Oval.

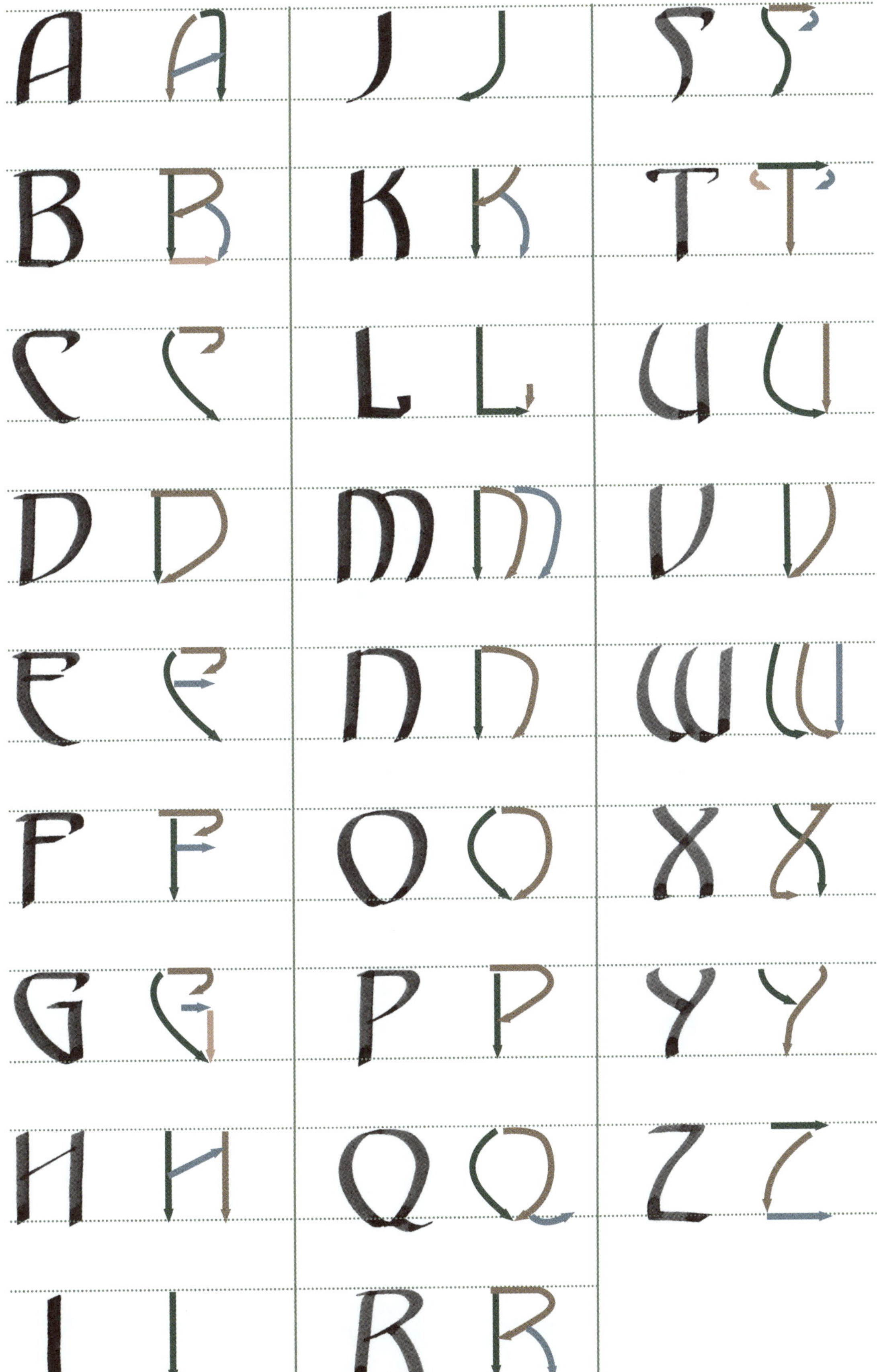

JUGENDSTIL #2

ART NOUVEAU | MINUSKELN

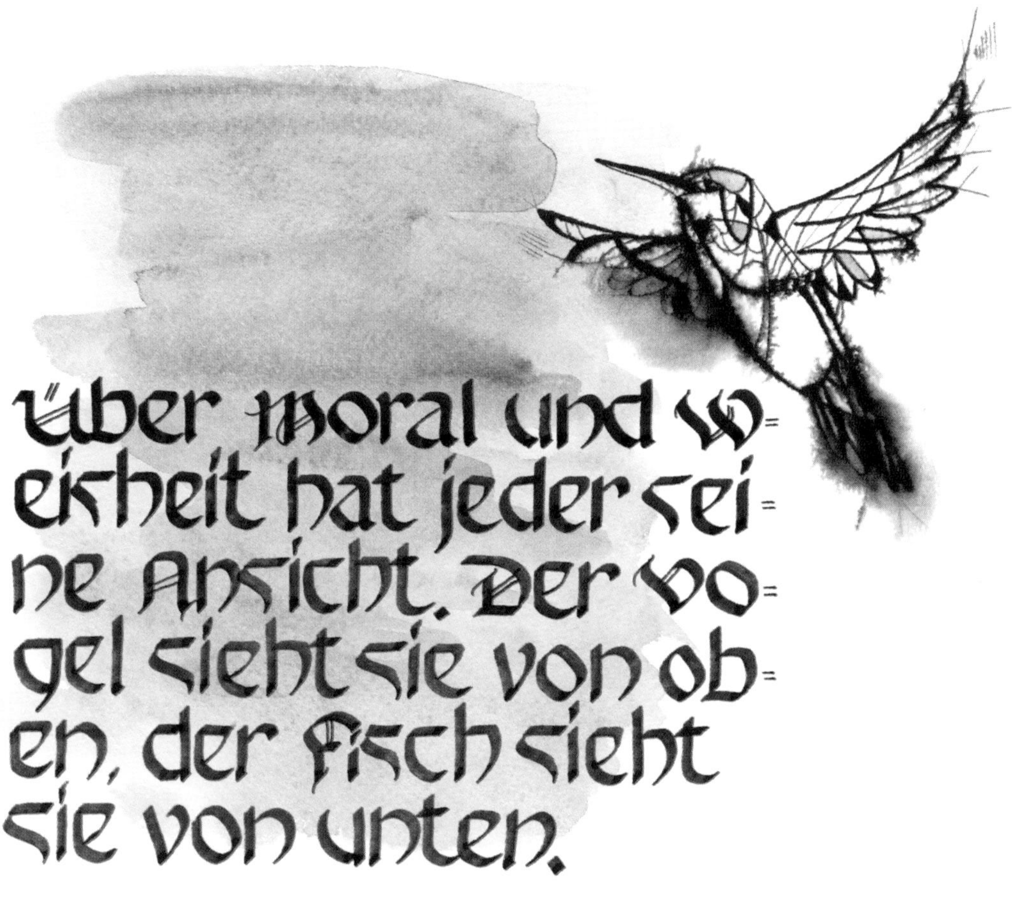

Über Moral und Weisheit hat jeder seine Ansicht. Der Vogel sieht sie von oben, der Fisch sieht sie von unten.

AUS CHINA

REIHENFOLGE DER STRICHE

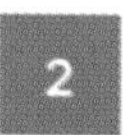

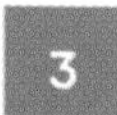

FEDERTREPPE: 2:4:2
10°- BIS 15°-WINKEL

INFOS

Ebenso wie die Majuskeln der **Variante #2** weisen die Minuskeln eine hohe Taille und eine gewisse Asymmetrie in ihrer Umsetzung auf. Die Buchstaben haben eine großzügige Breite und wechseln zwischen Geradlinigkeit und weiten, offenen Bögen ab. Die Hauptchrakteristik der Jugenstilschrift ist vor allem in den Versalien zu finden, die Minuskeln haben eher eine ergänzende Funktion.

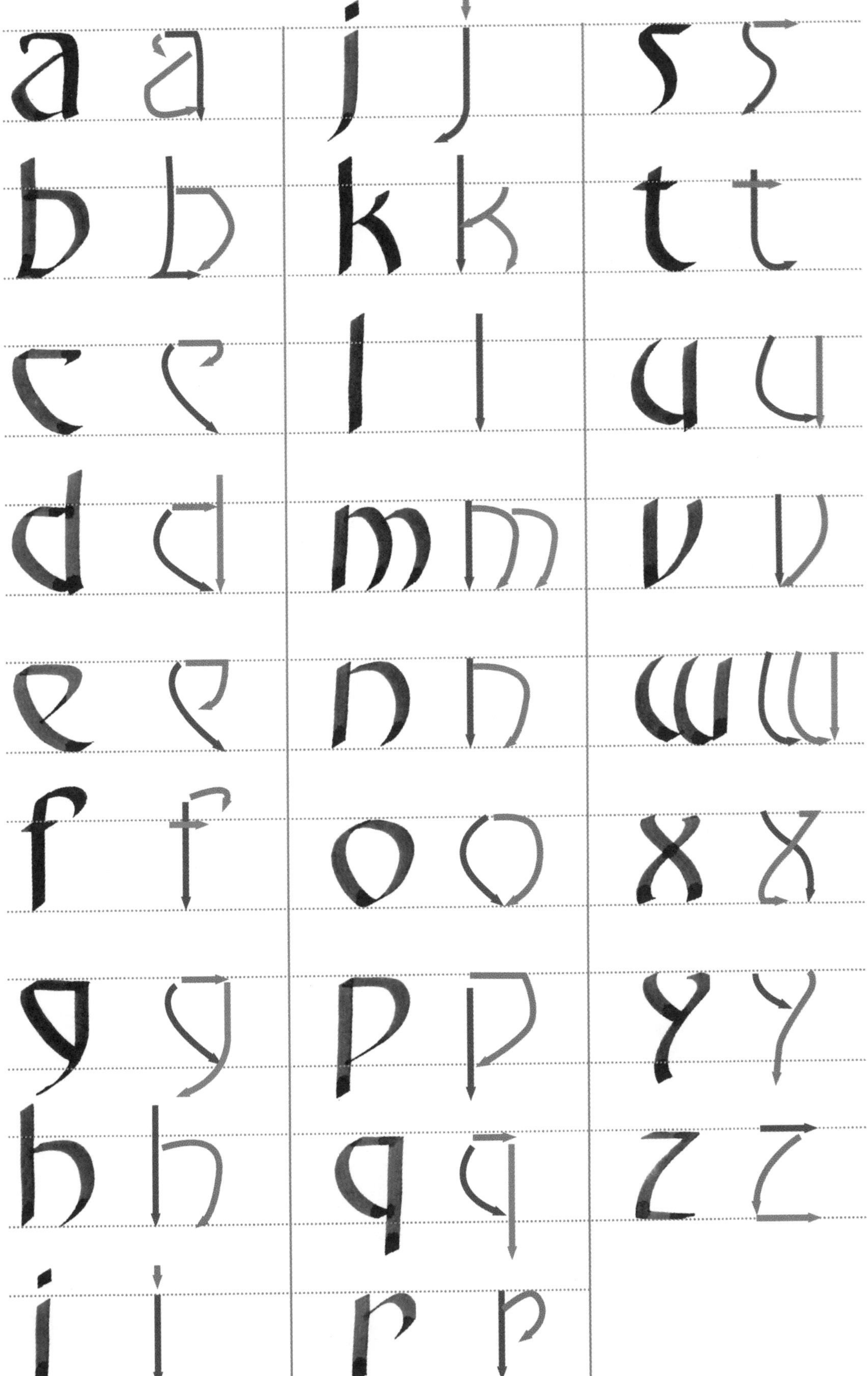

JUGENDSTIL #3

ART NOUVEAU | MAJUSKELN

CALM
HER·CHAOS
·BUT·NEVER·
·SILENCE·
HER·STORM.

K. TOWNE JR.

REIHENFOLGE DER STRICHE

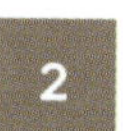

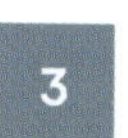

FEDERTREPPE: 0:10:0
5°- BIS 30°-WINKEL

INFOS

Die Buchstaben dieser **Jugendstil-Variante #3** sind »kantig geschwungen« und können für sich stehen oder mit zahlreich verspielten Schnörkeln und floralen Elementen verziert werden. Der Federwinkel liegt bei 40° bzw. 0°. Tipp: Drehe das Blatt bei 0°, um dein Handgelenk zu schonen. Das untere, linke Häkchen beim »X« wird mit der Federkante gezogen und schließlich »ausgemalt«. Der Akzent am oberen Stamm (»A«, »B«, »D«, »H« ...) nennt sich »Keule« und wird zusätzlich angebracht.

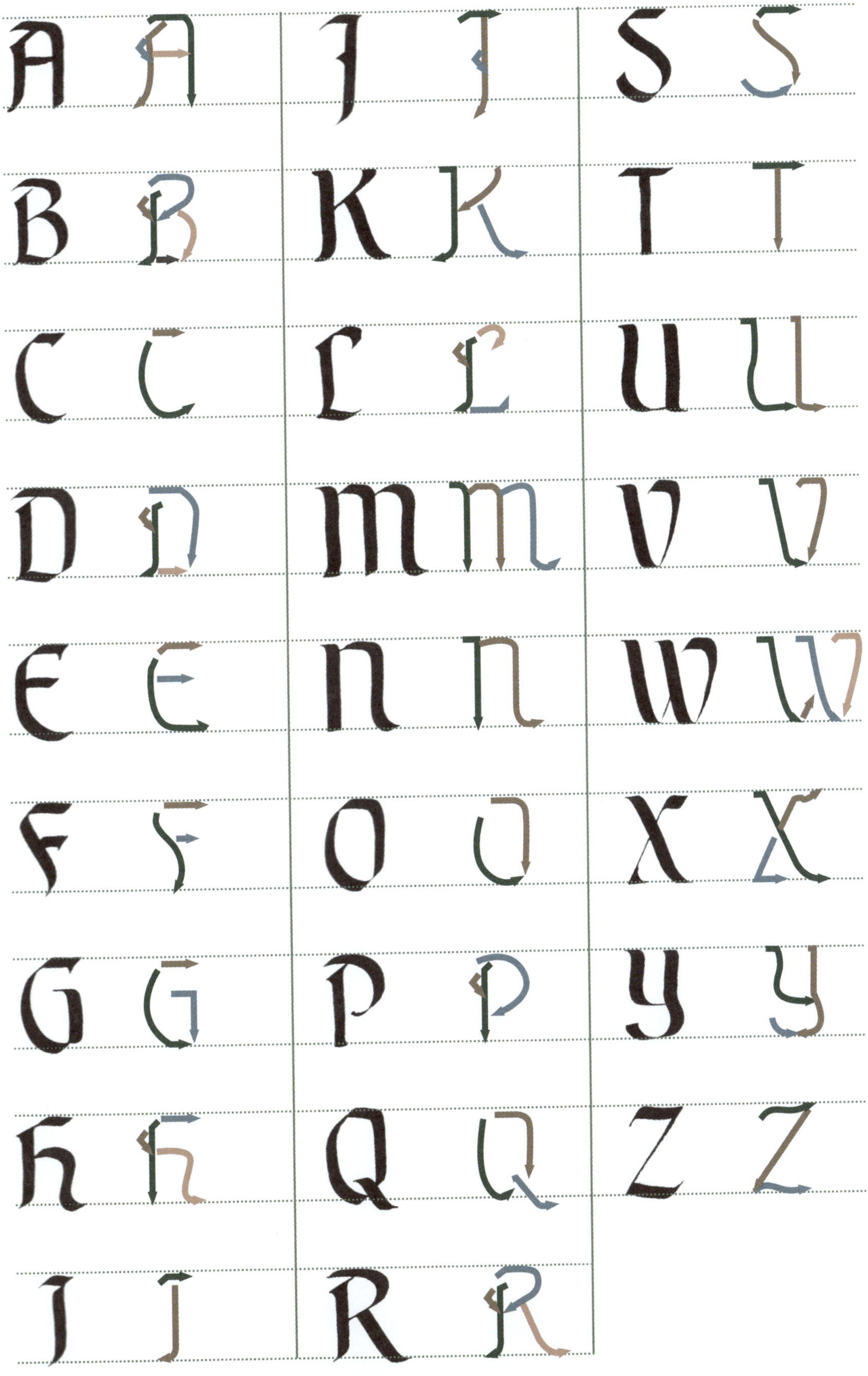

A A
B B
C C
D D
E E
F F
G G
H H
I I
J J
K K
L L
M M
N N
O O
P P
Q Q
R R
S S
T T
U U
V V
W W
X X
Y Y
Z Z

JUGENDSTIL #3

ART NOUVEAU | MINUSKELN

wenn · man · einander · schreibt, ist · man · wie · durch · ein · Seil · verbunden.

FRANZ KAFKA

REIHENFOLGE DER STRICHE 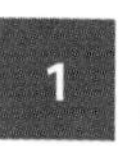

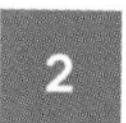

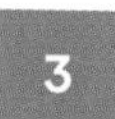

FEDERTREPPE: 2:5:3
30°-WINKEL

INFOS

Die Dickte der **Jugendstil**-Minuskeln ist breiter als üblich und wirkt daher auch mächtiger. Die kantig-geschwungenen Horizontal- und Vertikalstriche werden, ohne abzusetzen, in einem Zug durchgezogen. Die diagonale Haarlinie beim »e« wird ebenso, ohne abzusetzen, im gleichen Winkel vom Oberstrich heruntergezogen. Das untere, linke Häkchen beim kleinen »x« wird, wie bei der Majuskel, mit der Federkante gezogen.

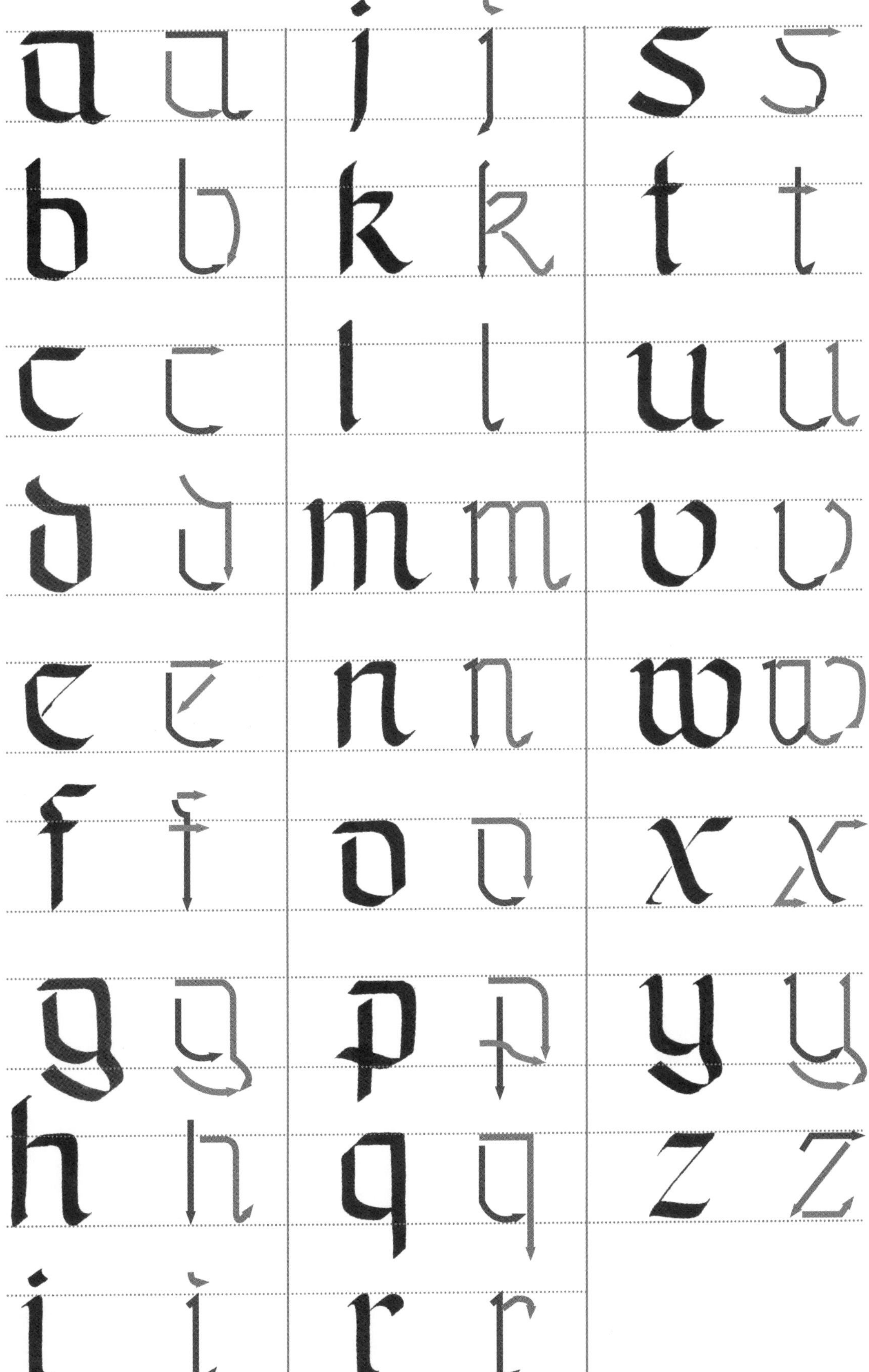

BAUHAUS #1

GROTESK | MAJUSKELN

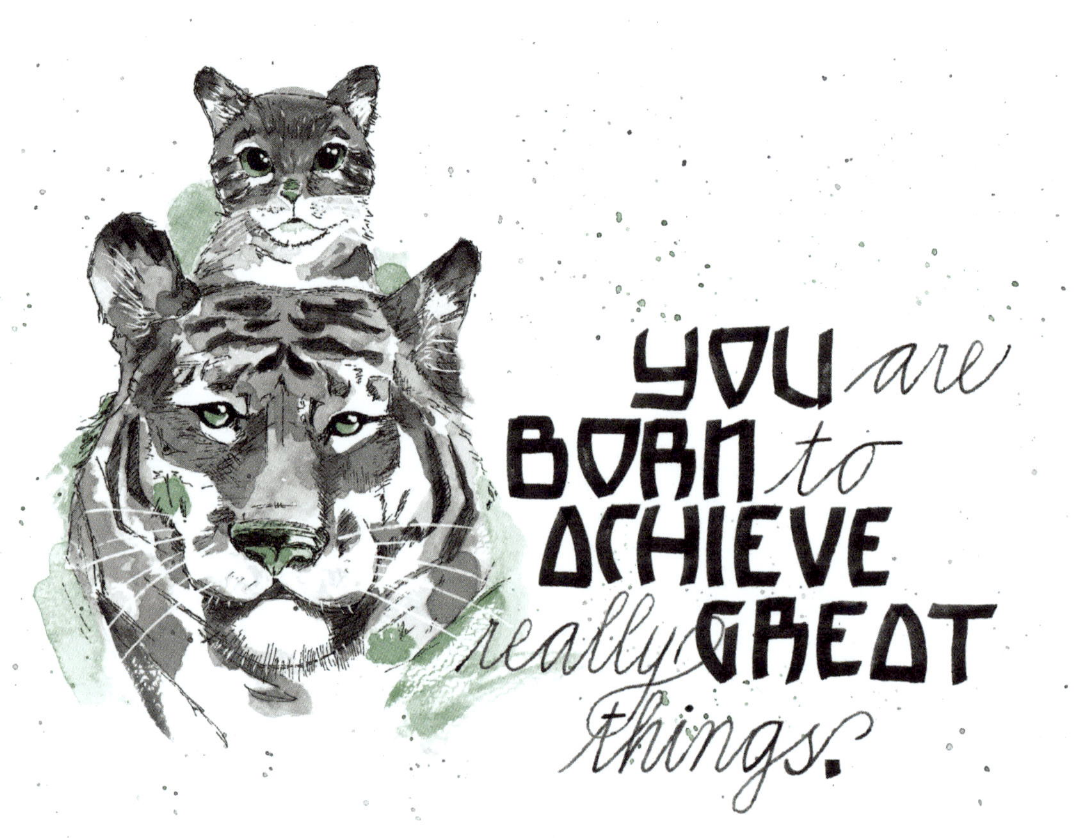

AUTOR UNBEKANNT

REIHENFOLGE DER STRICHE  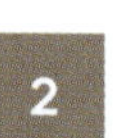 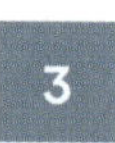 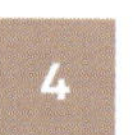 

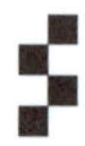 **FEDERTREPPE: 0:8:0**
0°-/90°-WINKEL

INFOS

Die **Bauhaus**-Ära ist geprägt von sachlich-modernen und geometrischen Formen ohne viel Schnörkel. Besonderes Merkmal dieser Groteskschrift sind die stets gleichbleibenden Strichstärken wie auch die bäuchigen Züge, die das starre und formelle Schriftbild etwas lebendiger macht. In der **Variante #1** ist der Kreis gänzlich entfallen und wird durch Rechteck und Dreieck ersetzt.

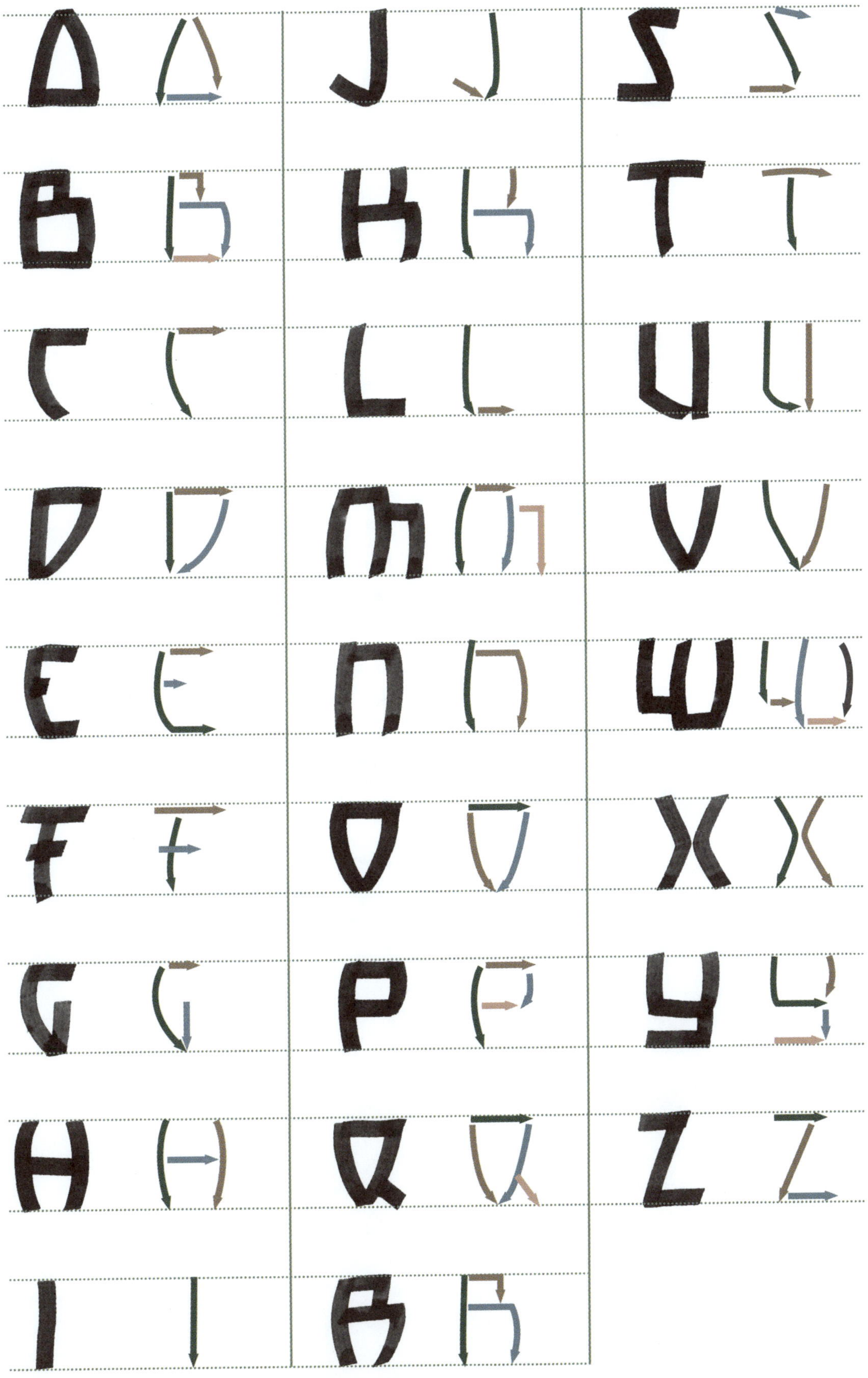

BAUHAUS #2

GROTESK | MAJUSKELN

wåun de WUASCHT sô DICK wie's BROT is, is es WUASCHT wie DICK des BROT is.

AUTOR UNBEKANNT

REIHENFOLGE DER STRICHE 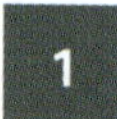  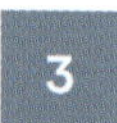  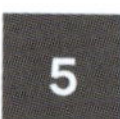 

 **FEDERTREPPE: 0:8:0**
0°-/90°-WINKEL

INFOS

Die Buchstaben der **Bauhaus-Variante #2** orientieren sich stark an Quadrat und Rechteck. Sie wirken klar und gradlinig. Die minimalen »abgerundeten Ecken« entstehen durch ein Überlappen der Strichelemente. Achtung: Nicht alle Buchstaben haben zusammenhängende Strichelemente (Unterscheidung zum Beispiel zwischen »D« und »O«).

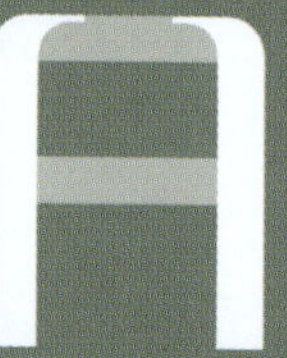

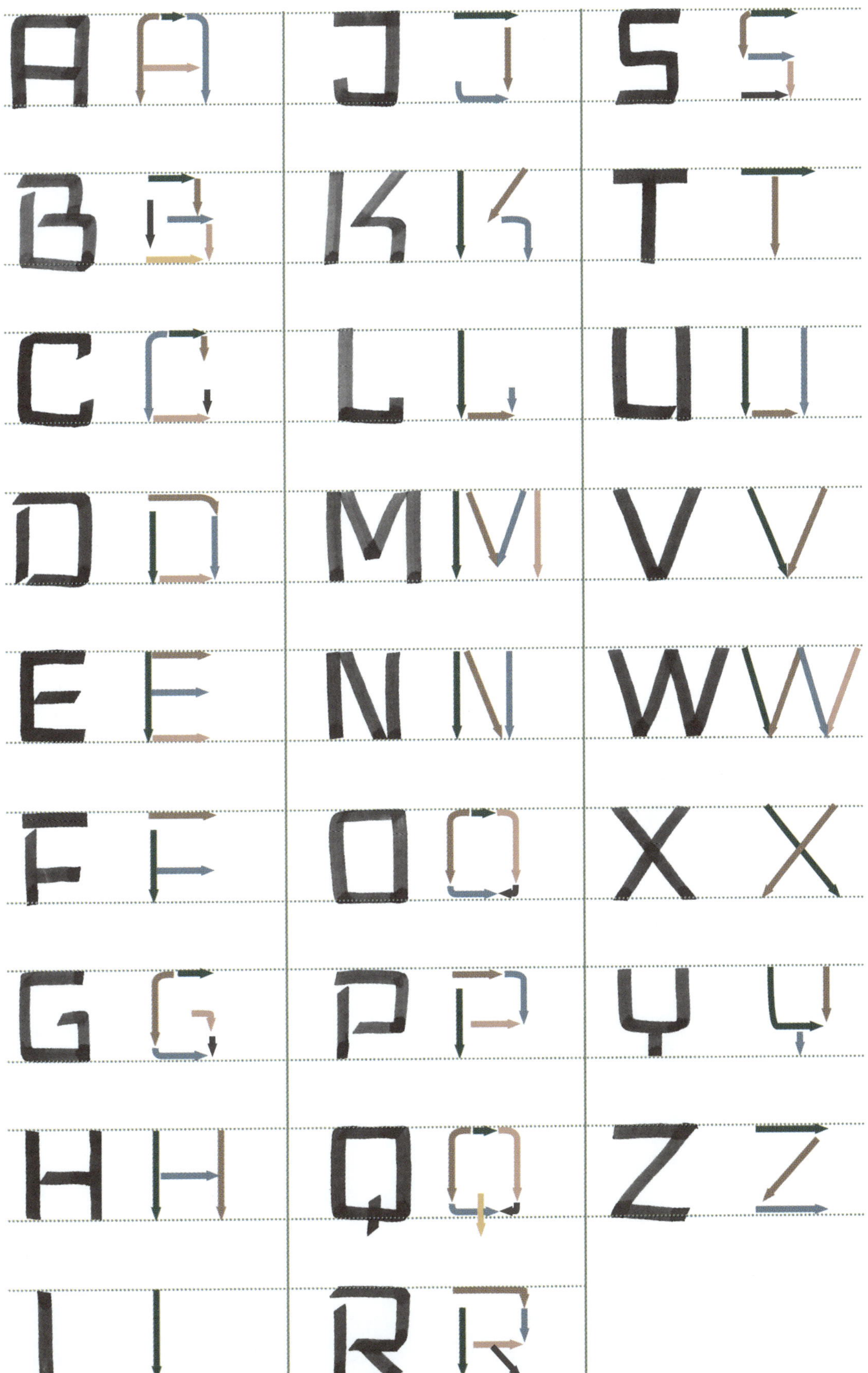

BAUHAUS #2

GROTESK | MINUSKELN

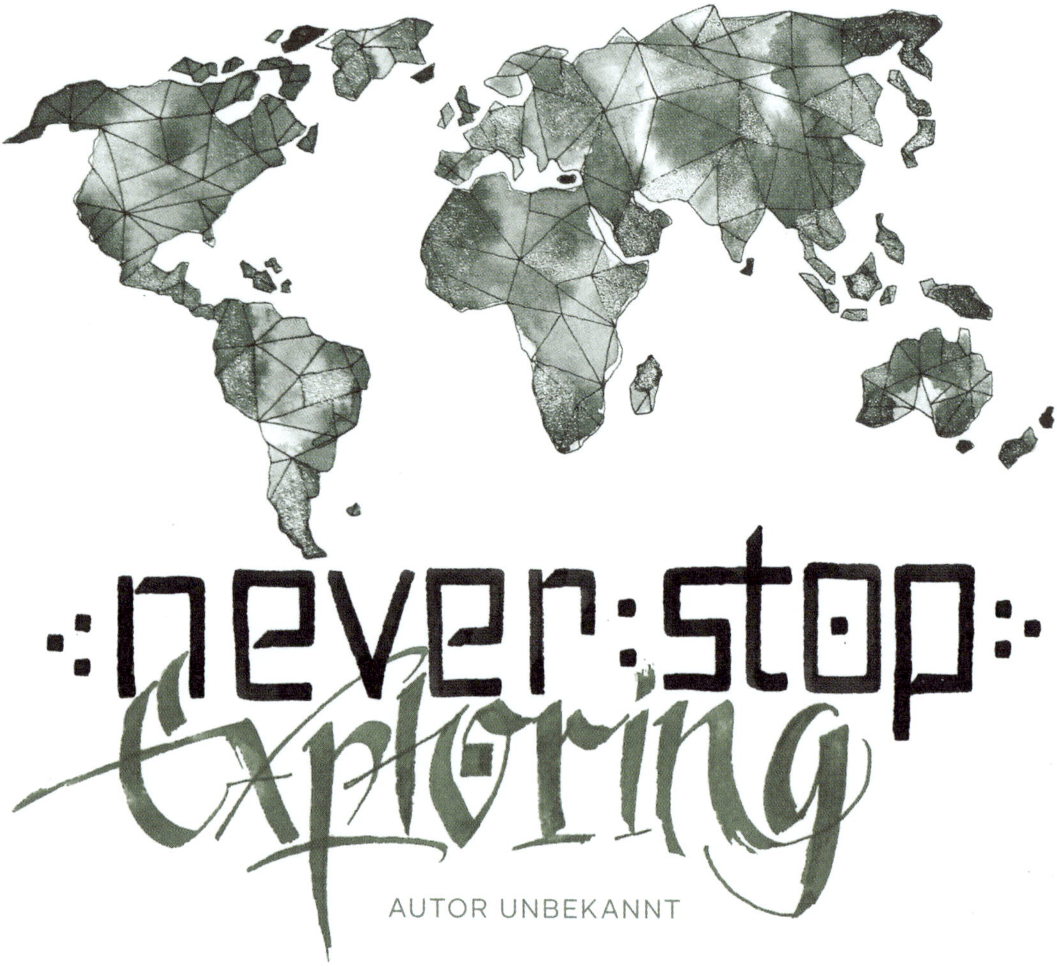

never stop
Exploring

AUTOR UNBEKANNT

REIHENFOLGE DER STRICHE

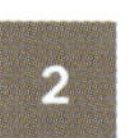

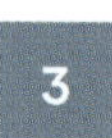

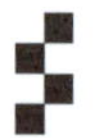

FEDERTREPPE: 2:4:2
0°-/60°-WINKEL

INFOS

Die Minuskeln der **Bauhaus #2** weisen dieselben Merkmale wie die Majuskeln auf: geometrisch und entfaltend in ihrer Dickte. Mehrere Elemente eines Buchstabens können einzeln (#a) oder zusammenhängend geschrieben werden (#b), wodurch auch die abgerundeten Ecken entstehen.

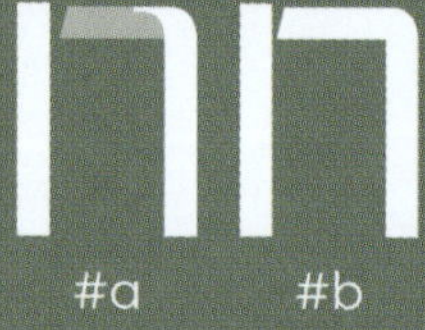

#a #b

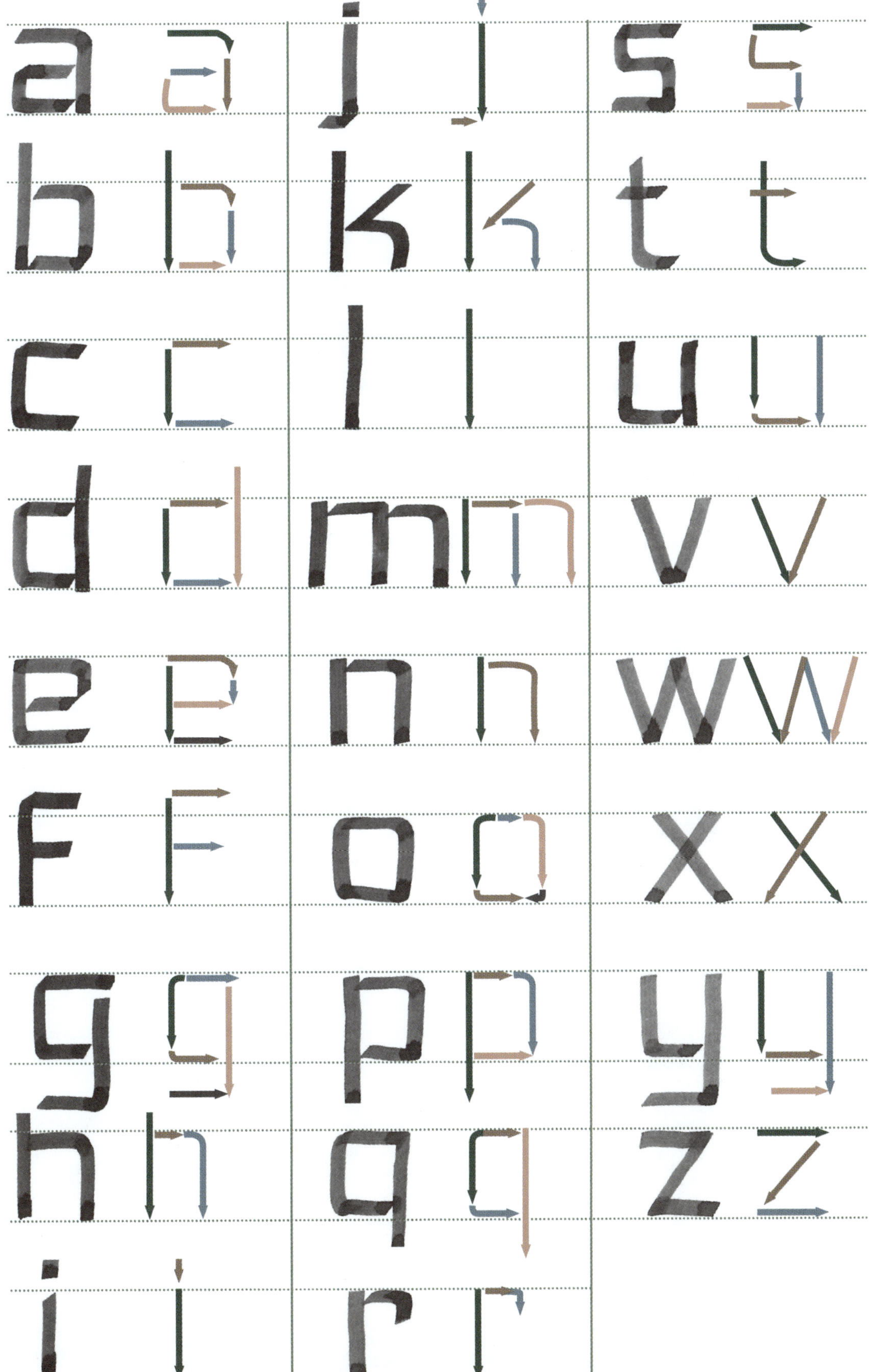

NEULAND

GROTESK | MAJUSKELN

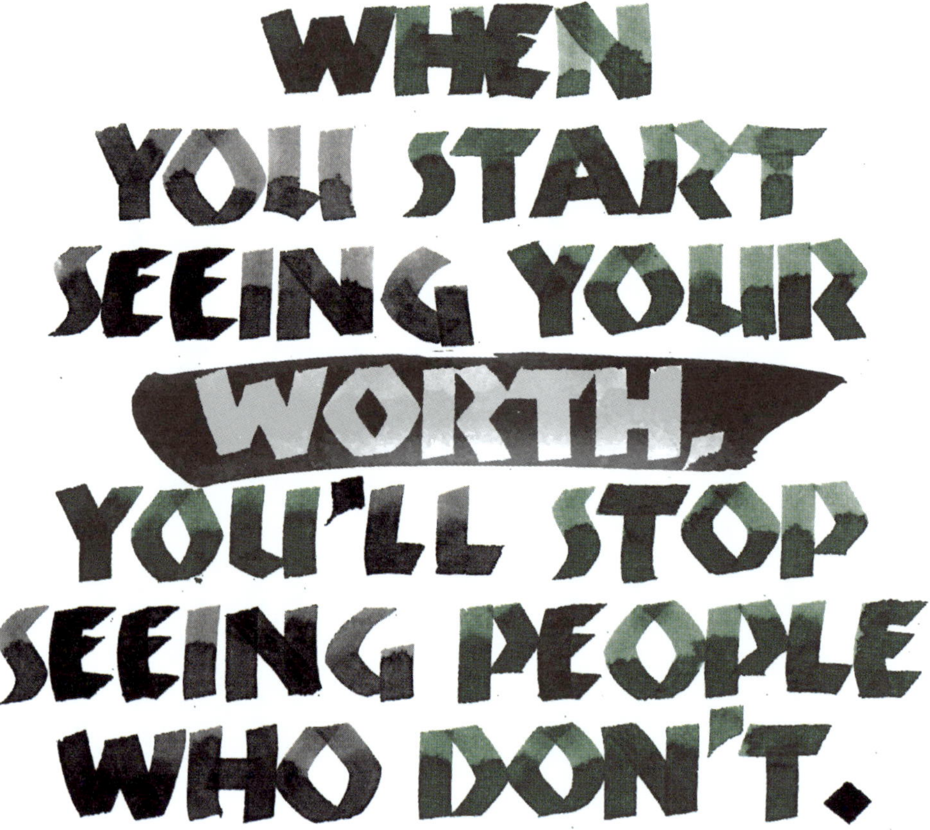

AUTOR UNBEKANNT

REIHENFOLGE DER STRICHE

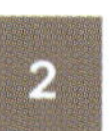

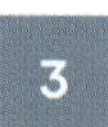

FEDERTREPPE: 0:10:0
0°- BIS 5°-/90°-WINKE

INFOS

Die **Neuland** von Rudolf Koch ist eine wuchtige Schrift mit expressionistischer Kraft. So einfach die Buchstaben auch aussehen, so können diese einen herausfordern, denn die Druckschrift war nie für die Feder gedacht. Neuland-Schriften variieren im Federwinkel zwischen 0° bis 10° Grad. (0°/90° bis 10°/80°). Blockartig in einem Wortteppich geschrieben, kommen die Buchstaben am besten zur Geltung.

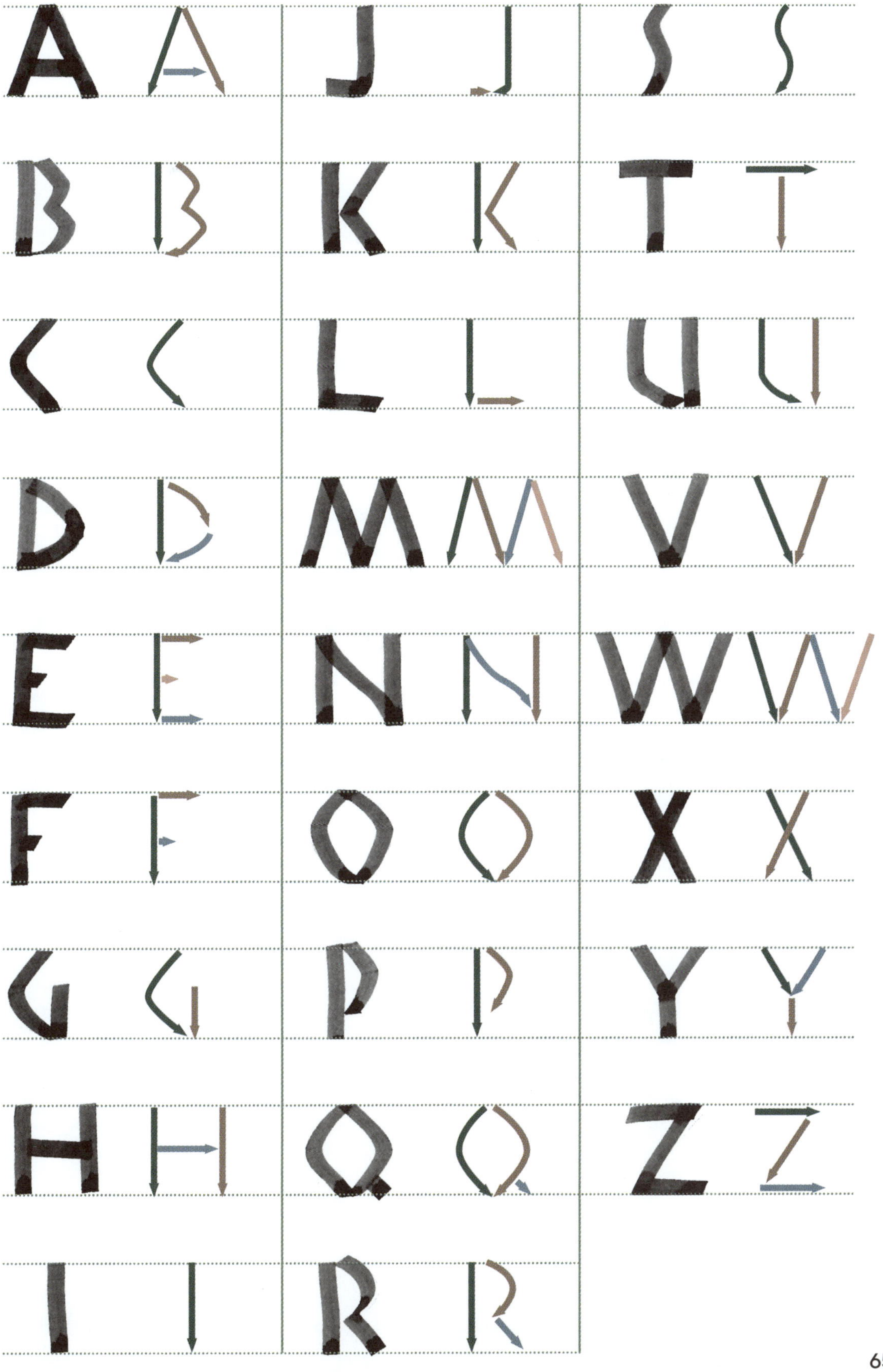

A A J J S S
B B K K T T
C C L L U U
D D M M V V
E E N N W W
F F O O X X
G G P P Y Y
H H Q Q Z Z
I I R R

SETHLINE

GROTESK | MAJUSKELN

AUSRUHEZEICHEN

AUTOR UNBEKANNT

REIHENFOLGE DER STRICHE

1

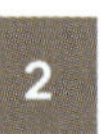
2

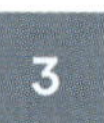
3

4

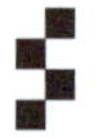

FEDERTREPPE: 0:9:0
45°-WINKEL

INFOS

Die **Sethline** ist eine moderne Schrift mit dominantem Stamm und hauchdünnen, weiterführenden Strichelementen, die mit der Federkante gezogen werden. Alternativ können die Haarlinien mit Spitzfeder oder Fineliner etc. ergänzt werden. Bis auf »M« und »W« hat jeder Buchstabe nur einen breiten Stamm. Die Taille der Lettern ist sehr mittig angesetzt, kann aber auch nach oben oder unten variiert werden.

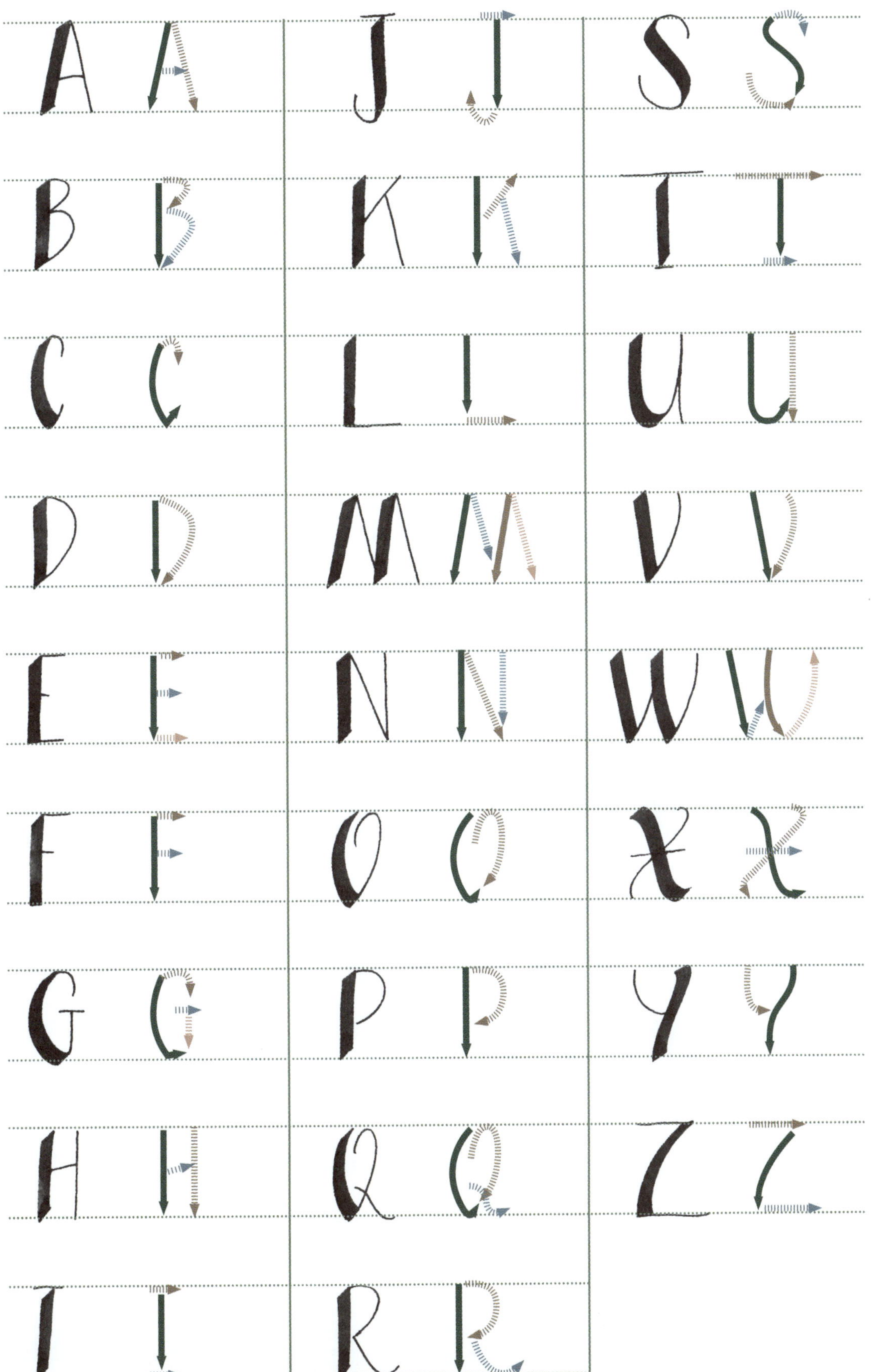

SETHLINE

GROTESK | MINUSKELN

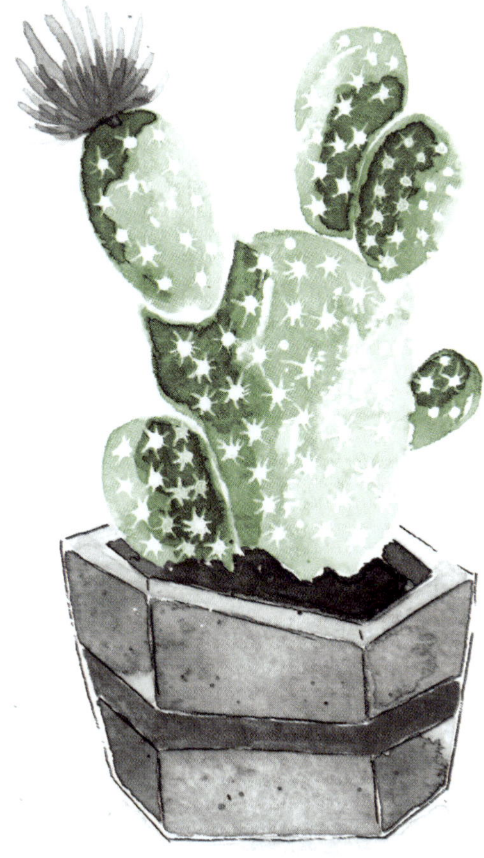

things
ARE
OFTEN
rough
BUT
you're
STILL
blooming.

AUTOR UNBEKANNT

REIHENFOLGE DER STRICHE

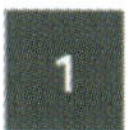

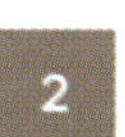

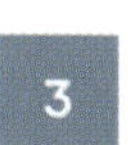

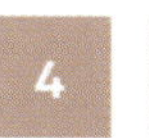

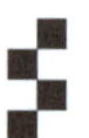

FEDERTREPPE: 1,5:6:1,5
45°-WINKEL

INFOS

Die Minuskeln der **Sethline** folgen demselben Prinzip der Majuskeln: dominanter Stamm mit dünnen Ranken. Prinzipiell werden die Minuskeln mit Abstand zueinander geschrieben. Mit verlängerten Haarlinien kann diese Blockschrift auch zur verbundenen Schreibschrift geändert werden:

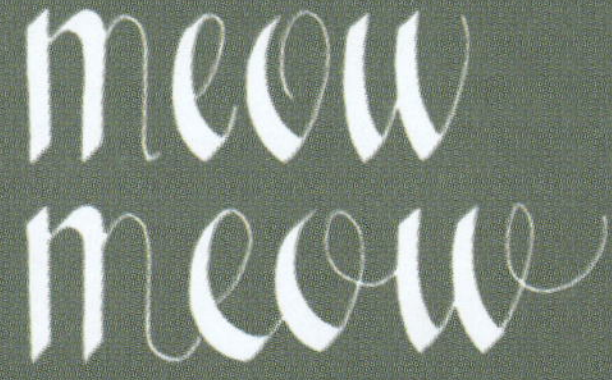

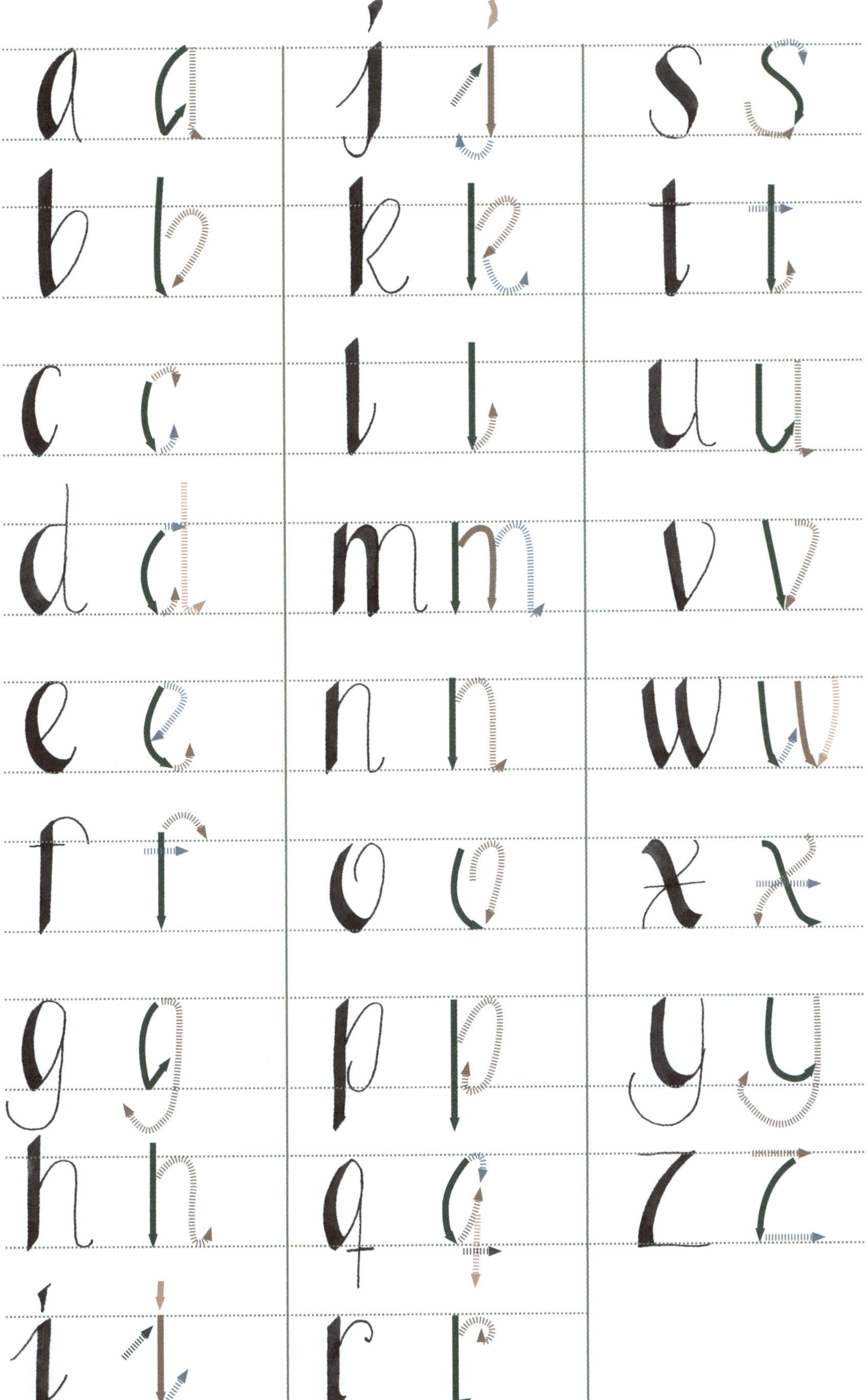

TWISTLINE

DEKORATIV | MAJUSKELN

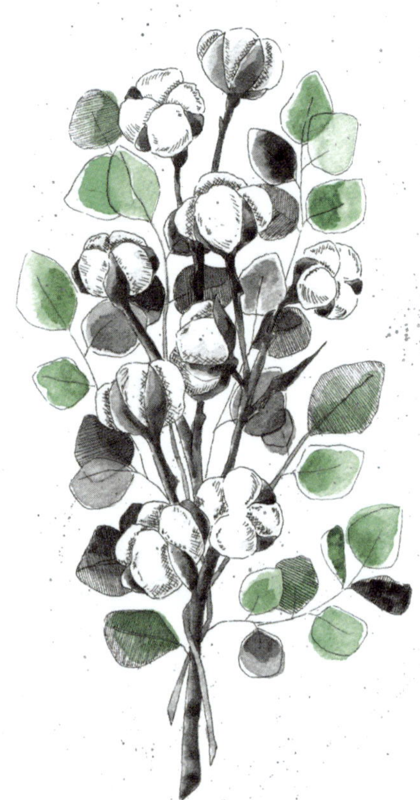

UND JE MEHR
ICH WACHSE, SO
WIE EIN BAUM
WÄCHST, UMSO
MEHR GEWINNE
ICH AN TIEFE.

ANTOINE DE SAINT-EXUPÉRY

REIHENFOLGE DER STRICHE

2
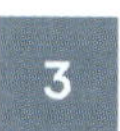

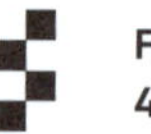

FEDERTREPPE: 0:8:2
40°- BIS 45°-WINKEL

INFOS

Die **Twistline** ist eine schnörkelige Schrift, deren Verbindung zum breiten Stamm aus geschwungenen Haarlinien besteht. Durch die unterschiedlichen Höhen in den einzelnen Buchstabenelementen »M«, »N« und »U« wirkt diese Schrift etwas verspielter. Herausforderung ist das Wechselspiel zwischen voller Federbreite und ständigem Aufkanten mit der Federspitze. Das Aufkanten wird mit Doppelpfeilen dargestellt.

TWISTLINE

DEKORATIV | MINUSKELN

wherever
your heart is,
that is where
you will find
your treasure.

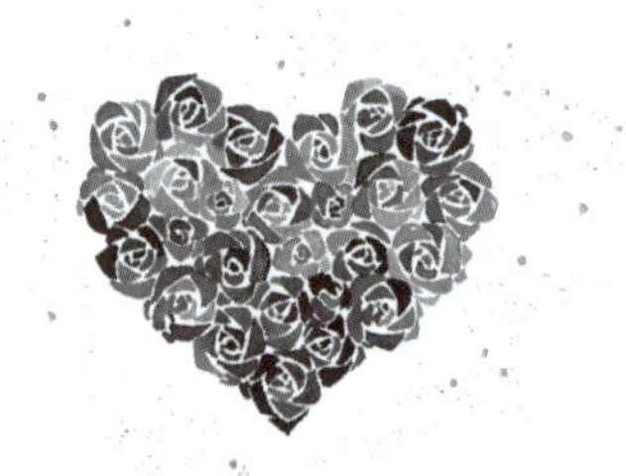

PAULO COELHO

REIHENFOLGE DER STRICHE

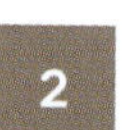

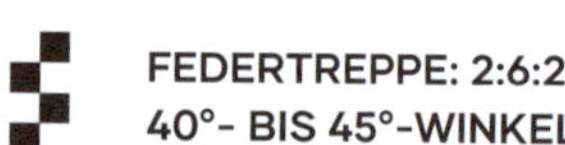

FEDERTREPPE: 2:6:2
40°- BIS 45°-WINKEL

INFOS

Die Minuskeln der **Twistline** sind ebenso verschnörkelt wie die Majuskeln. Anstelle dem Aufkanten kann auch eine Spitzfeder oder ein Fineliner verwendet werden, um die verbindenen Haarlinien zu erschaffen (mit zwei verschiedenen Farben ergibt es ein spannendes Schriftbild). Damit die permanenten Drehungen des Federhalters von dünnen zu dicken Linien gut gelingt, ist es wichtig den Federhalter locker in der Hand zu halten.

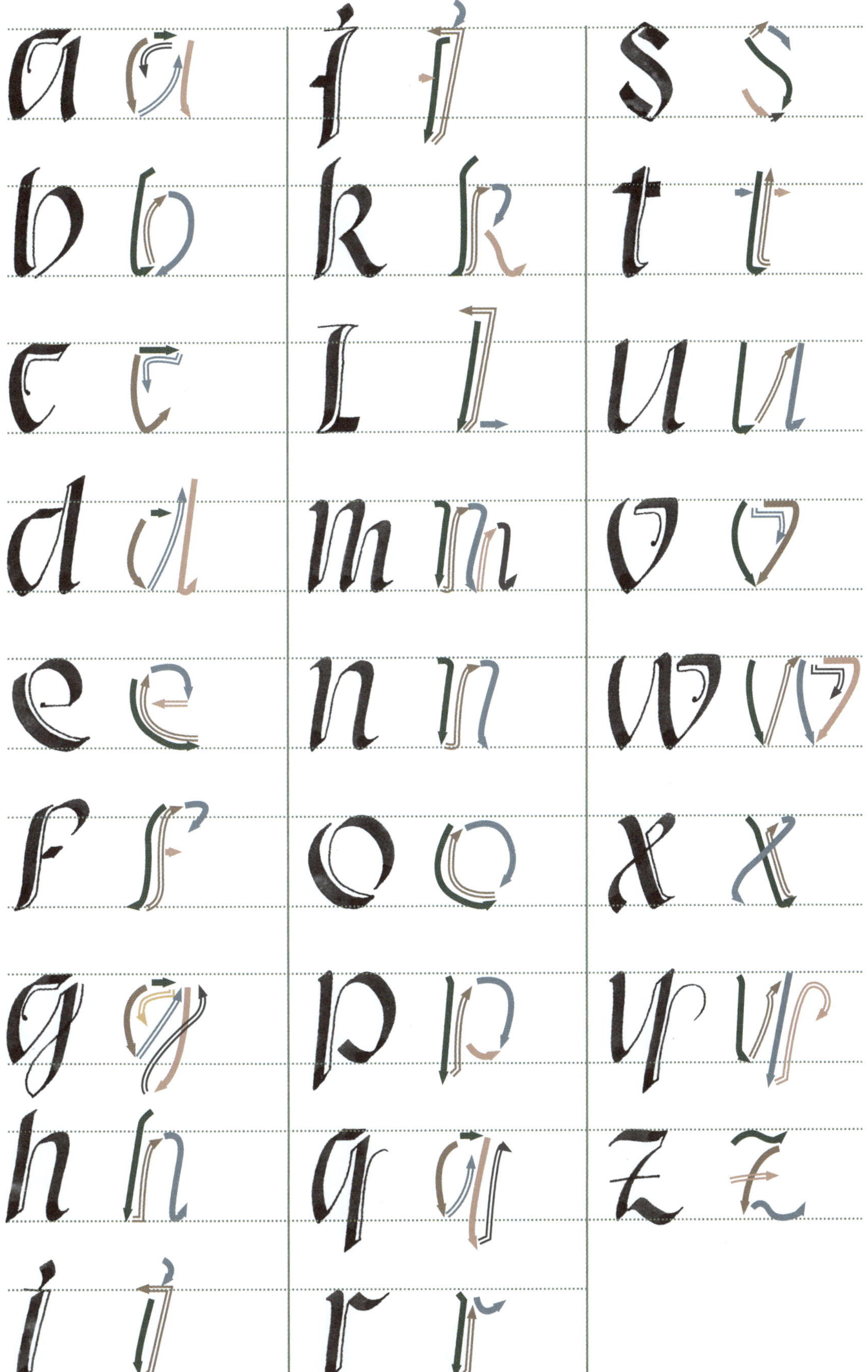

BROADWAY

DEKORATIV | MAJUSKELN

NO · MATTER · WHAT
ANYBODY · TELLS
YOU, WORDS · AND
IDEAS · CAN · CHANGE
THE · WORLD.

JOHN KEATING

REIHENFOLGE DER STRICHE

2

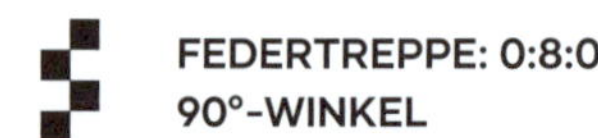

FEDERTREPPE: 0:8:0
90°-WINKEL

INFOS

Die **Broadway** ist eine mächtige Schrift, aber einfach in ihrer Ausführung. Bis auf das »S«, »X« und »Z« besteht der Buchstabenstamm aus einer sehr plakativen Vertikallinie. Diese Senkrechte kannst du mit einer sehr breiten Plakatfeder oder als doppelte Vertikallinie mit einer Standardfeder ziehen. Die hauchfeinen Striche, die den Buchstaben komplettieren, kannst du mit der Federkante wie auch mit einer Spitzfeder ergänzen.

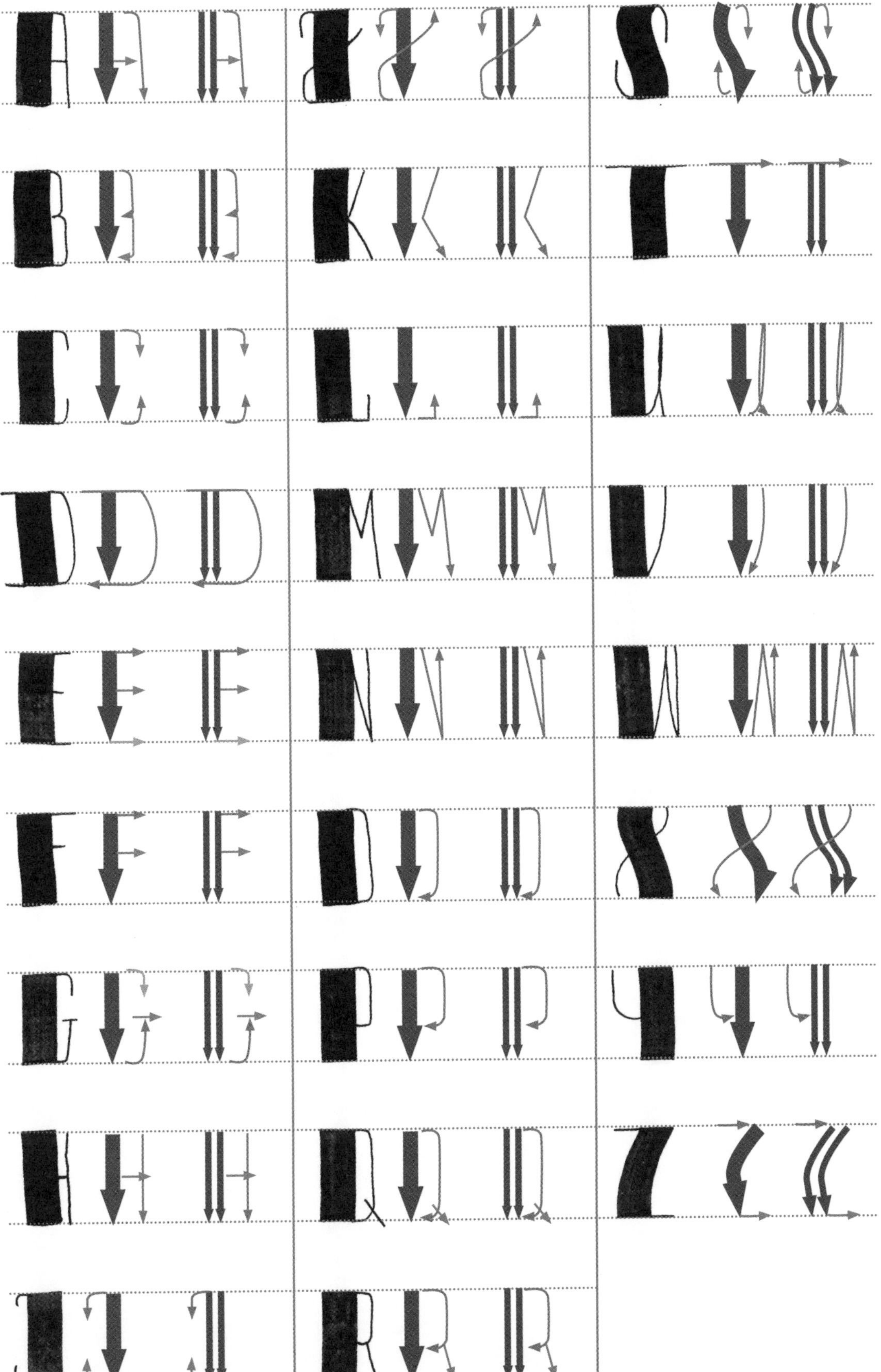

ALLEGRA BLACK

DEKORATIV | MINUSKELN

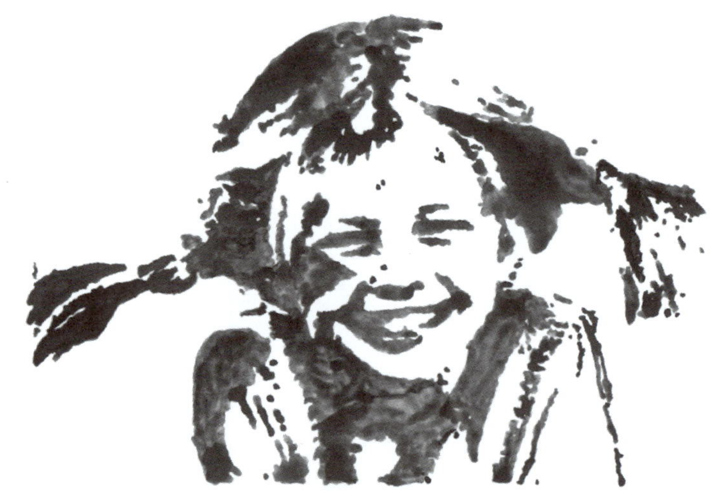

das habe ich noch
nie vorher versucht,
also bin ich völlig sicher,
dass ich es schaffe.

PIPPI LANGSTRUMPF

REIHENFOLGE DER STRICHE

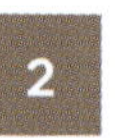

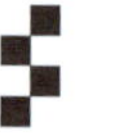

FEDERTREPPE: 1:5:2
0°- BIS 10°-WINKEL

INFOS

Die **Allegra Black** ist eine klare Blockschrift, die trotz ihrer breitstämmigen Schreibweise modern wirkt. Die einzelnen Buchstaben folgen keiner starren Form und leben durch ihre unverblümte Asymmetrie. Dass die Buchstaben in ihrer Dickte sehr komprimiert geschrieben werden ist charakteristisch ist. »a«, »d«, »g«, »k« und »q« sind die einzigen Buchstaben, die eine mit der Federkante gezogene Haarlinie als Verbindung haben.

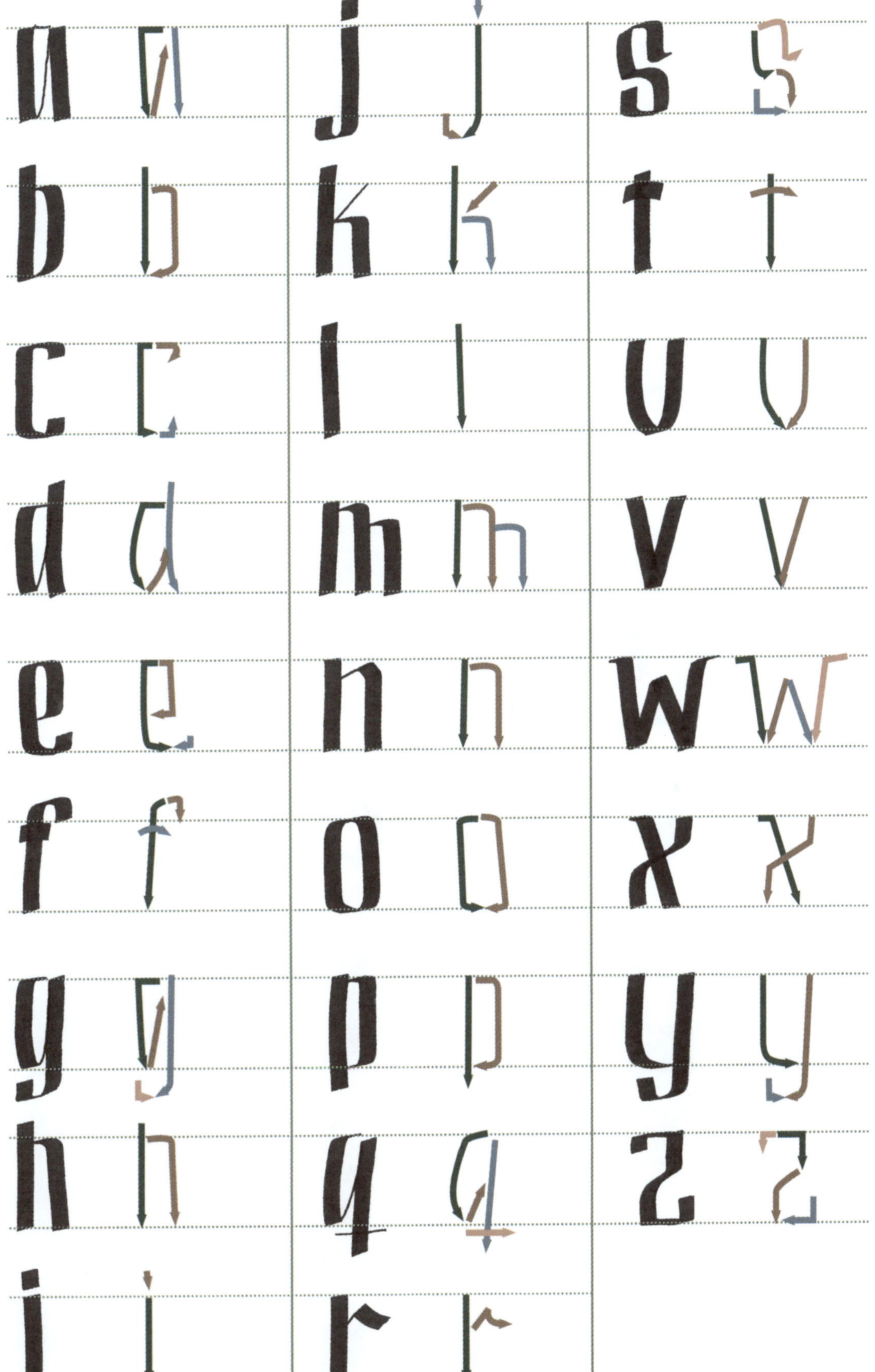

RUSTIC HAND

DEKORATIV | MINUSKELN

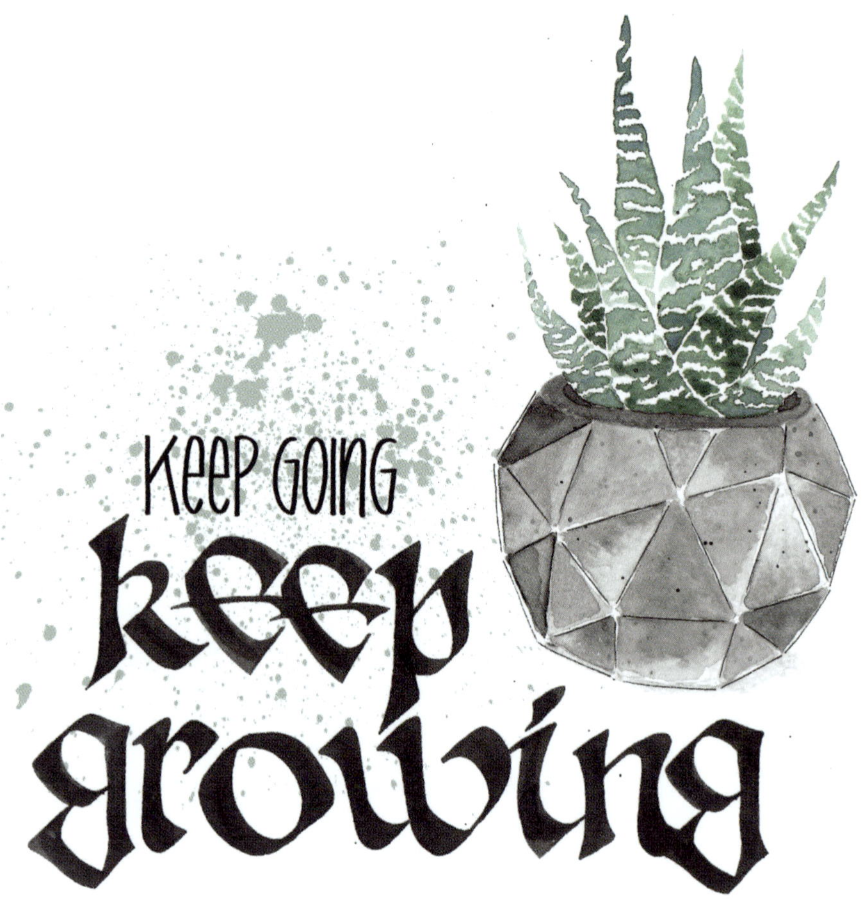

AUTOR UNBEKANNT

REIHENFOLGE DER STRICHE

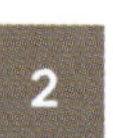

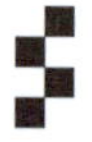

FEDERTREPPE: 3:4:3
45°-WINKEL

INFOS

Die Herausforderung bei der **Rustic Hand** liegt in der sich ständig drehenden Federbewegung. Mitten im Zug wird der Neigungswinkel von breit auf schmal auf breit verändert. Dazu braucht es bereits eine geübte Hand. Aber du kannst auch »mogeln« und bei den breiten Strichen doppelt ansetzen, um so die »Verdickungen« zu simulieren.

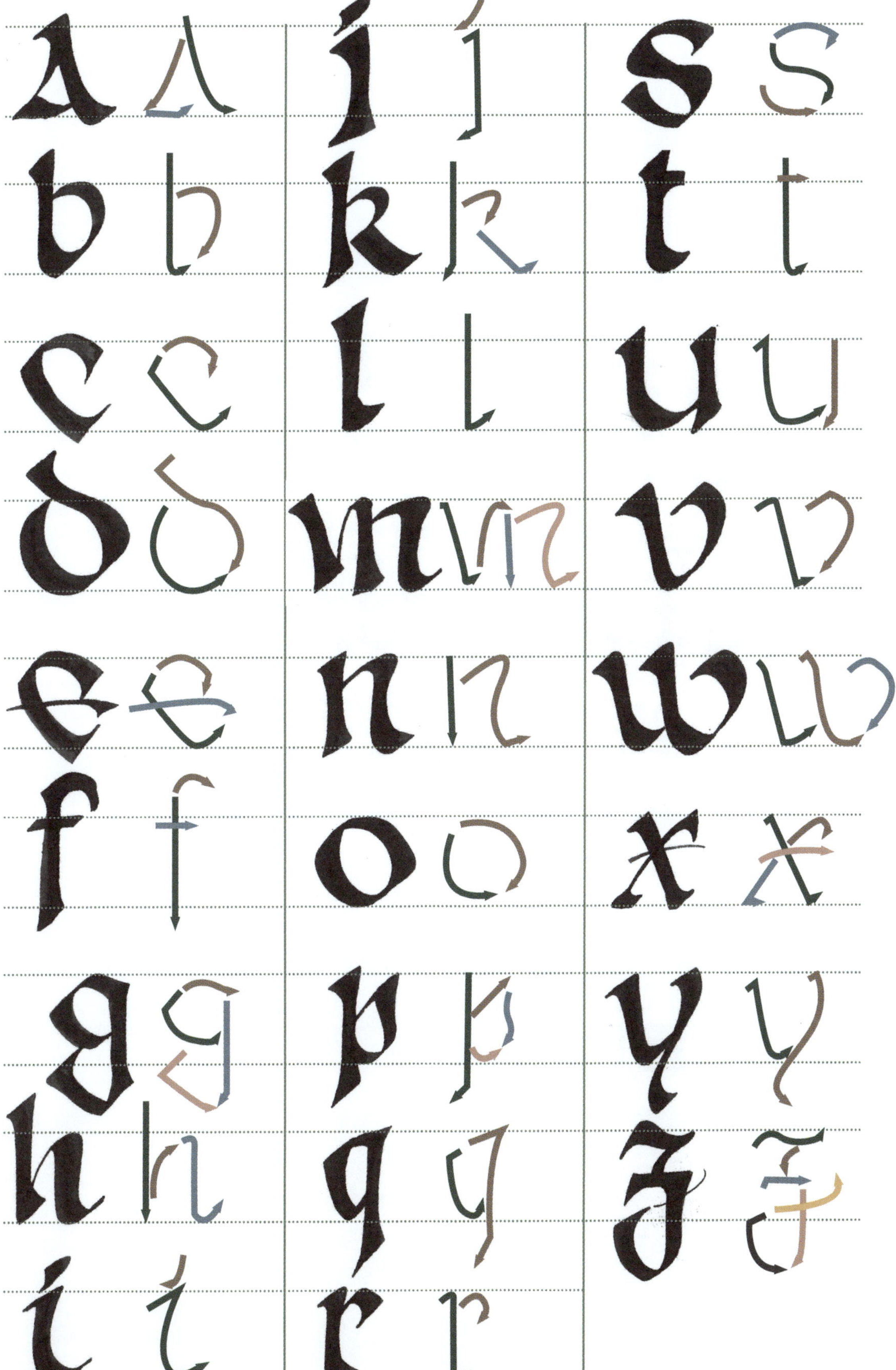

PIPE

DEKORATIV | MINUSKELN

handle, als ob
deine handlungen
alles verändern.
sie tun es.

WILLIAM JAMES

REIHENFOLGE DER STRICHE

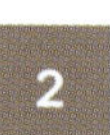

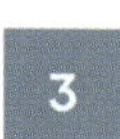

7

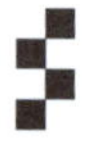

FEDERTREPPE: 2:8:2
0°-/90°-WINKEL

INFOS

Die Grundstriche der **Pipe** basieren auf einem wechselnden 0°- wie auch 90°-Federwinkel. Charakteristisch sind die serifenähnlichen Abschlüsse, die an die typischen Rohranschlüsse erinnern. Die Schrift wirkt durch die schrägen Strichvariationen sehr lebendig bis hin zu verspielt und kann auch optimal für das Bouncing (tanzende Buchstaben durch unterschiedliche Platzierung auf der Grundlinie) eingesetzt werden.

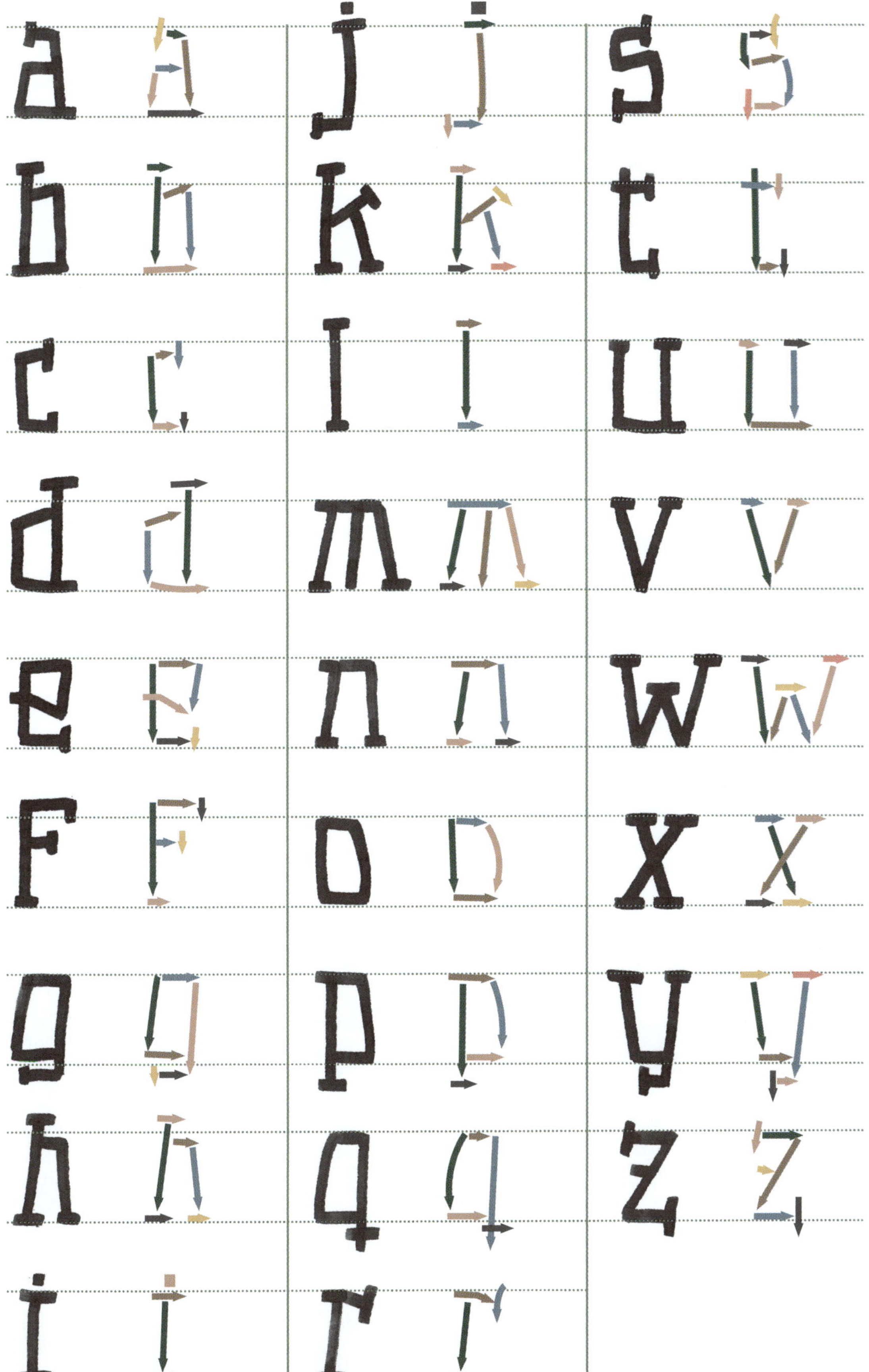

ROUGH HAND

HANDSCHRIFT | MAJUSKELN

DAS SETZEN VON ZIELEN

DAS·SETZEN· VON· ZIELEN

IST DER ERSTE SCHRITT,

· IST· DER· ERSTE· SCHRITT,

UM UNSICHTBARES

UM·UNSICHTBARES·

SICHTBAR ZU MACHEN.

SICHTBAR· ZU· MACHEN.

TONY ROBBINS

REIHENFOLGE DER STRICHE

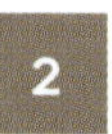

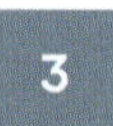

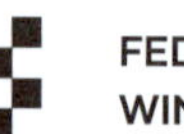

FEDERTREPPE & WINKEL: VARIABEL

INFOS

Die **Rough Hand** verbindet kalligraphische Technik mit der persönlichen Handschrift. Diese Schrift wird mit dem eigenen, individuellen Rhythmus geschrieben. Daher variieren die Buchstaben in ihrer Höhe, Breite und Dynamik und haben keine fixe Zeilenhöhe. Die Technik basiert, wie gewohnt, auf breiten Abwärtsstrichen (Zug abwärts) und dünne Aufstrichen mit der Federkante.

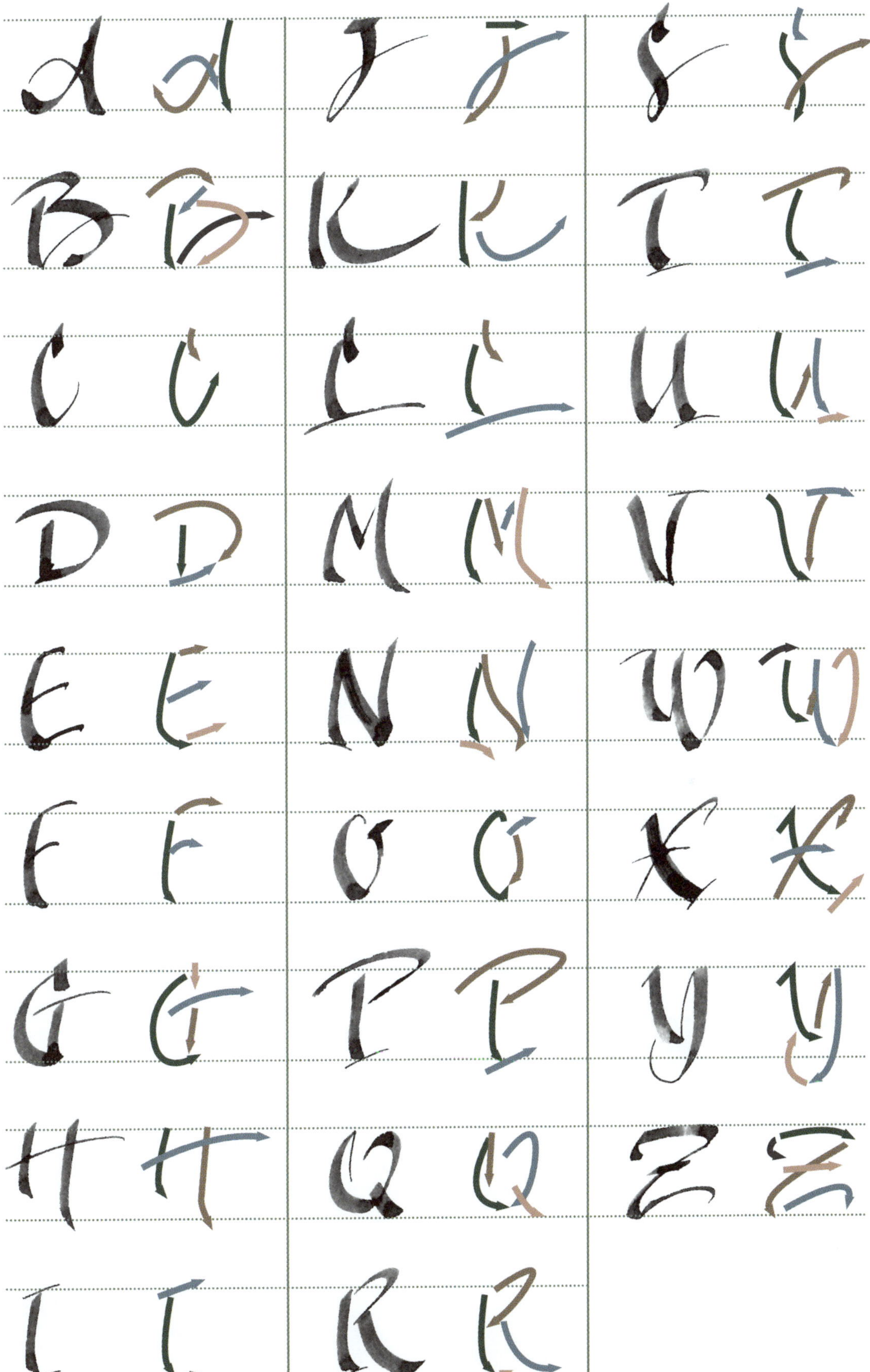

ROUGH HAND

HANDSCHRIFT | MINUSKELN

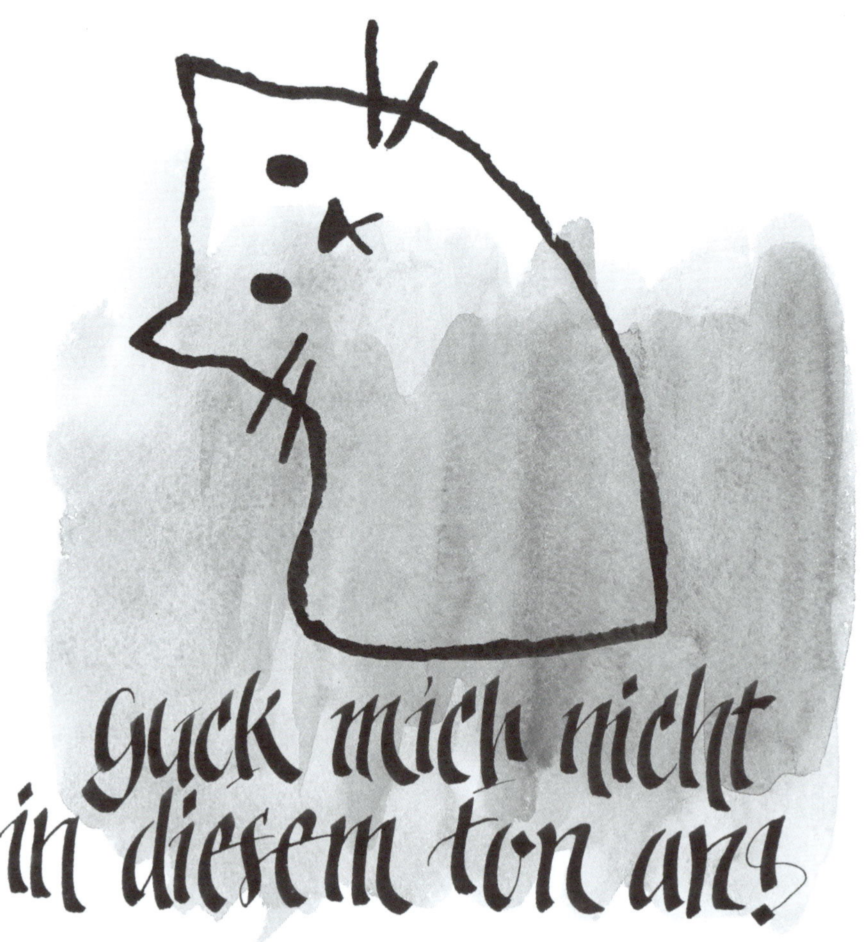

AUTOR UNBEKANNT

REIHENFOLGE DER STRICHE

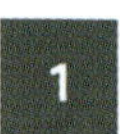

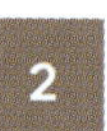

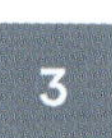

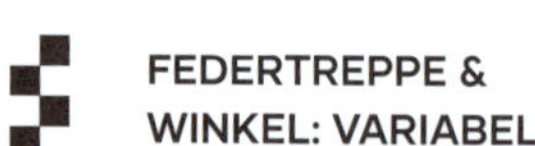

INFOS

Auch bei den Minuskeln der **Rough Hand** ist die Zeilenhöhe nur eine optische Hilfslinie für die Augen. Mit der Rough Hand kannst du die Buchstaben tanzen lassen (Bouncing, unterschiedliche Grundlinie). Jeder Strich wird auch hier bewusst einzeln gezogen, kann überlegt oder intuitiv sein. Alle Buchstaben entstehen aus dem Moment und sind frei von jeglichen Vorgaben. Dafür mit einer Portion Persönlichkeit. »Let it flow«.

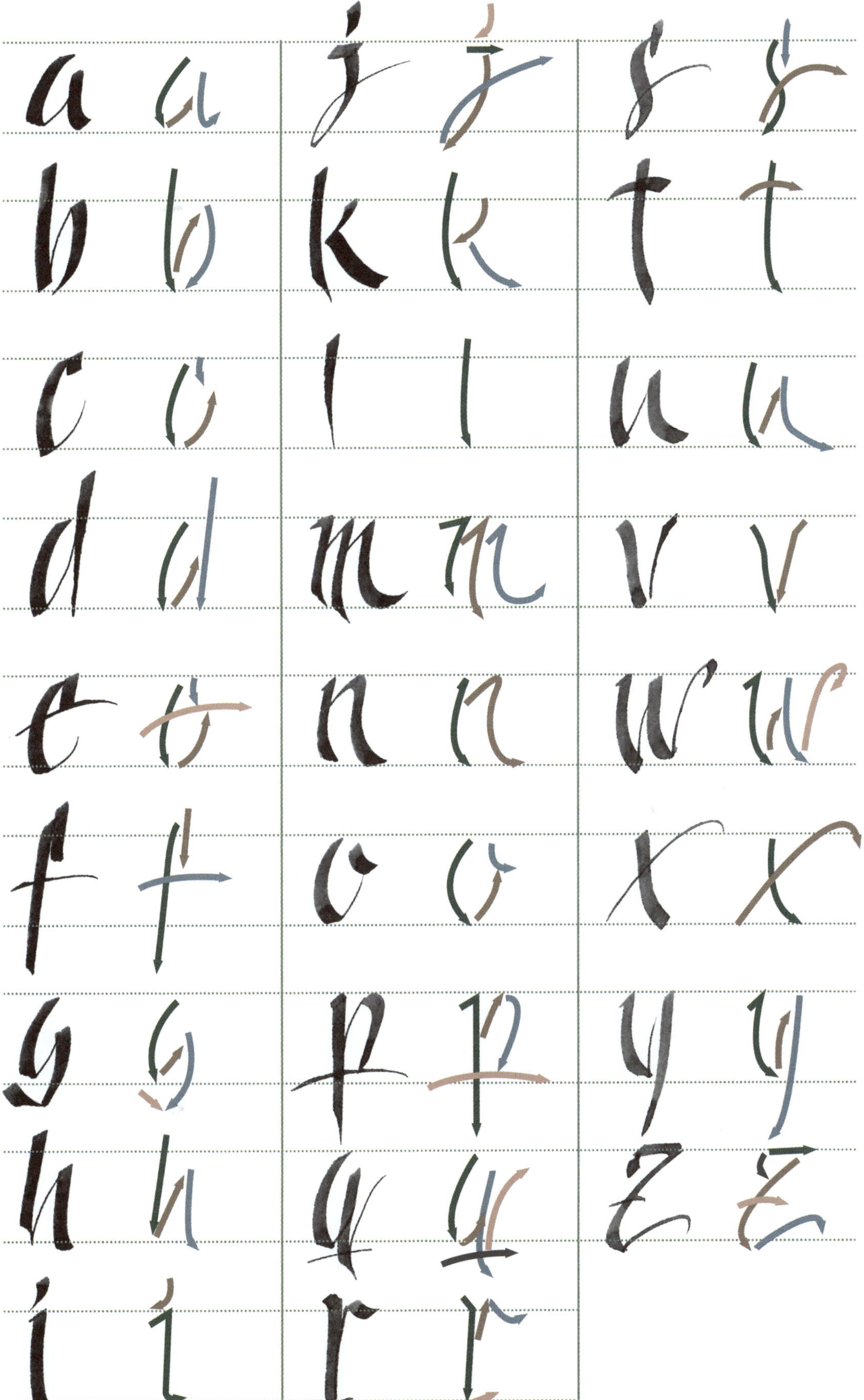

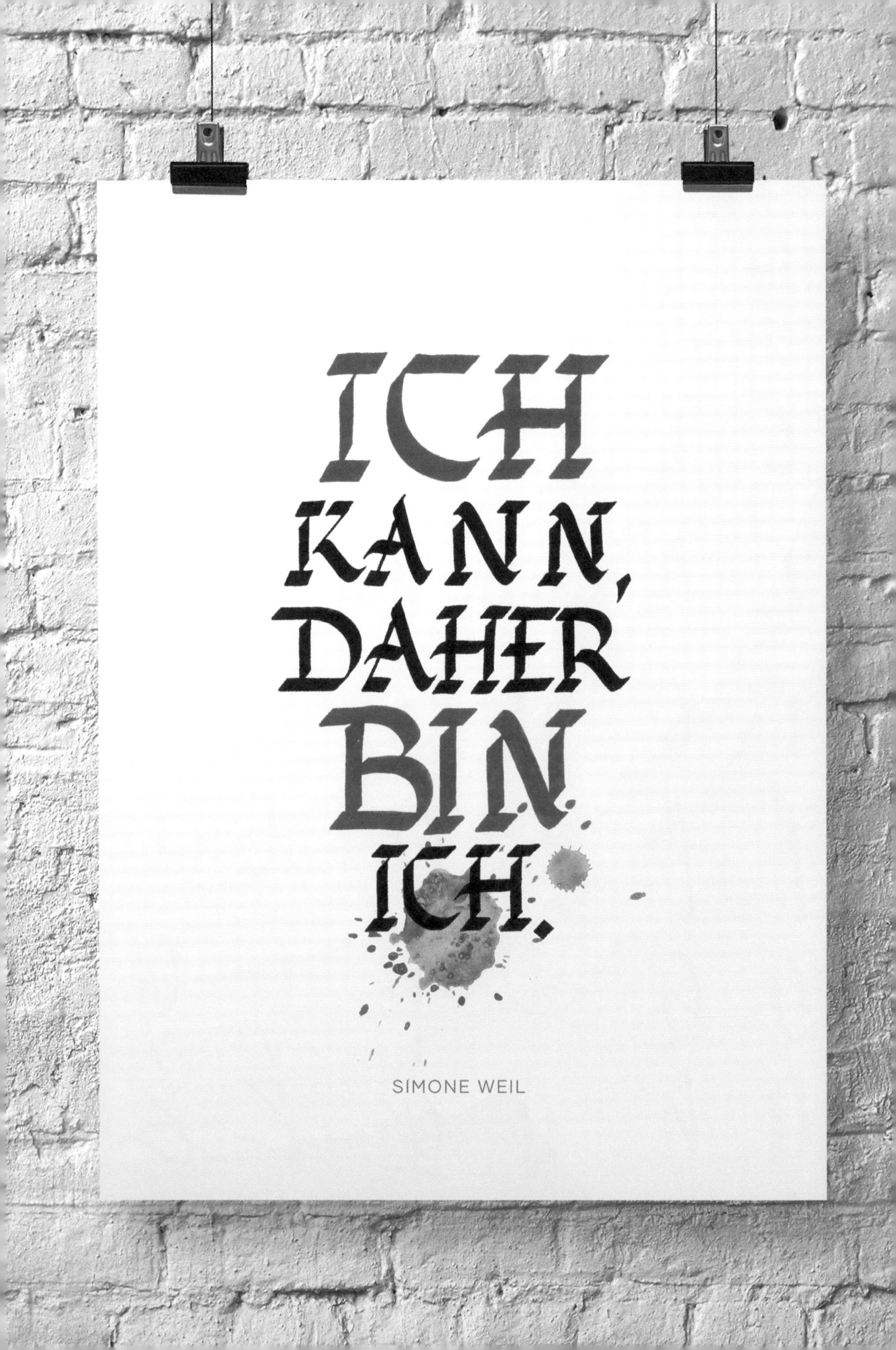

ICH
KANN,
DAHER
BIN
ICH.

SIMONE WEIL

3

RESSOURCEN

SCHMUCKELEMENTE

SCHNÖRKELN MIT DER BANDZUGFEDER #1

In der Spitzfederkalligraphie kannst du auf viele Arten schöne **Ornamente**, sogenannte Schnörkel, hinzufügen. Aber auch mit Breitfedern sind diese Verzierungen möglich. Unter Kalligraphen sind diese Blackletter-Ornamente als **»Fishtails«** bekannt. In der Abbildung unten siehst du die Fraktur mit den »Fishtails«, die mit Kreisen markiert sind. Diese Ornamente können die starren, markanten Buchstaben auflockern und verspielter erscheinen lassen.

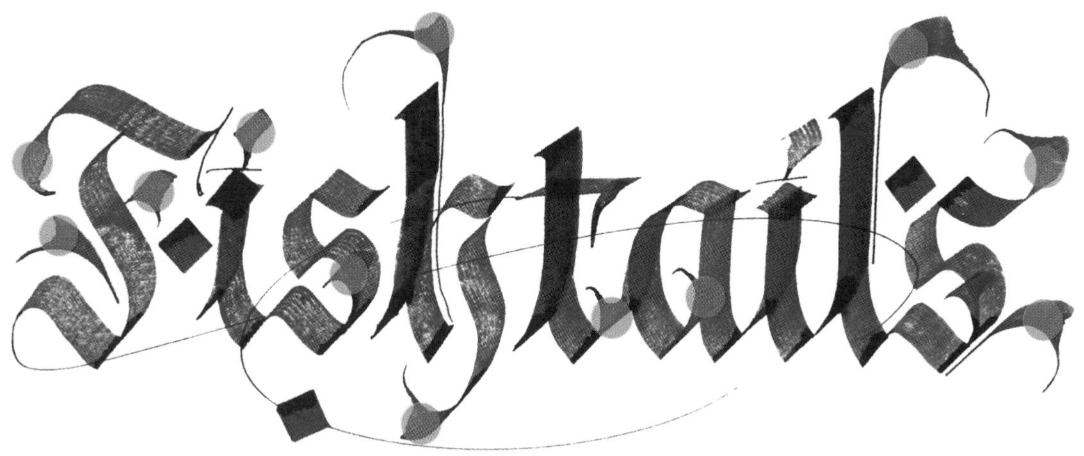

Für dieses Beispiel habe ich den Pilot Parallel Pen (6 mm) verwendet, aber du kannst alle Arten von Bandzugfedern für die Schnörkel verwenden.

DIE BASICS VOM AUFKANTEN:

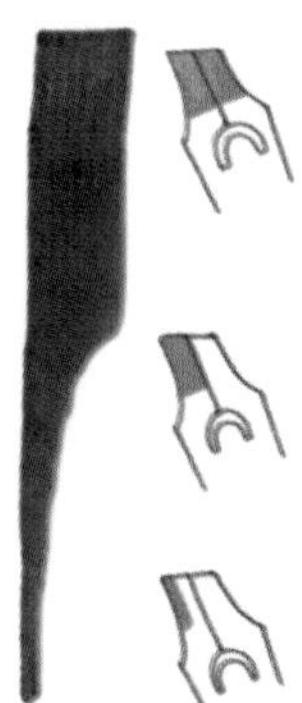

Das **Aufkanten (edging)** ist eine Technik mit der Breitfeder, bei der nur ein Teil der Feder zum Strichziehen verwendet wird. Beim Aufkanten verschmälert sich die volle Strichbreite zur Hälfte oder zu einem Drittel. Die Aufkanttechnik wird gerne bei Strichen verwendet, die mit voller Strichbreite beginnen und sich dann nach unten hin verjüngen. Aber auch für **Zierornamente** mit der Breitfeder findet diese Technik ihren Einsatz.

Setze die Feder auf 0° und ziehe sie mit leichtem und gleichmäßigem Druck nach unten. Wenn du den Druck nach links verlagerst, wird sich auch der Strich verändern. Die rechte Seite wird nun keinen vollen Tintenstrich mehr abgeben. Um eine scharfe Spitze zu erzielen, hebe die rechte Seite der Feder nun so an, dass nur mehr die linke Ecke auf dem Papier verbleibt. So schreibst du eine dünne Abschlusslinie.

1 2 2 3 3

1 = Volle Federbreite

2 = Halbe Federbreite (linke oder rechte Seite)

3 = Aufgekantet (links oder rechts)

SCHNÖRKEL-BEISPIELE

Videoanleitungen kannst du in meiner Instagram-Story unter »Practice« finden.

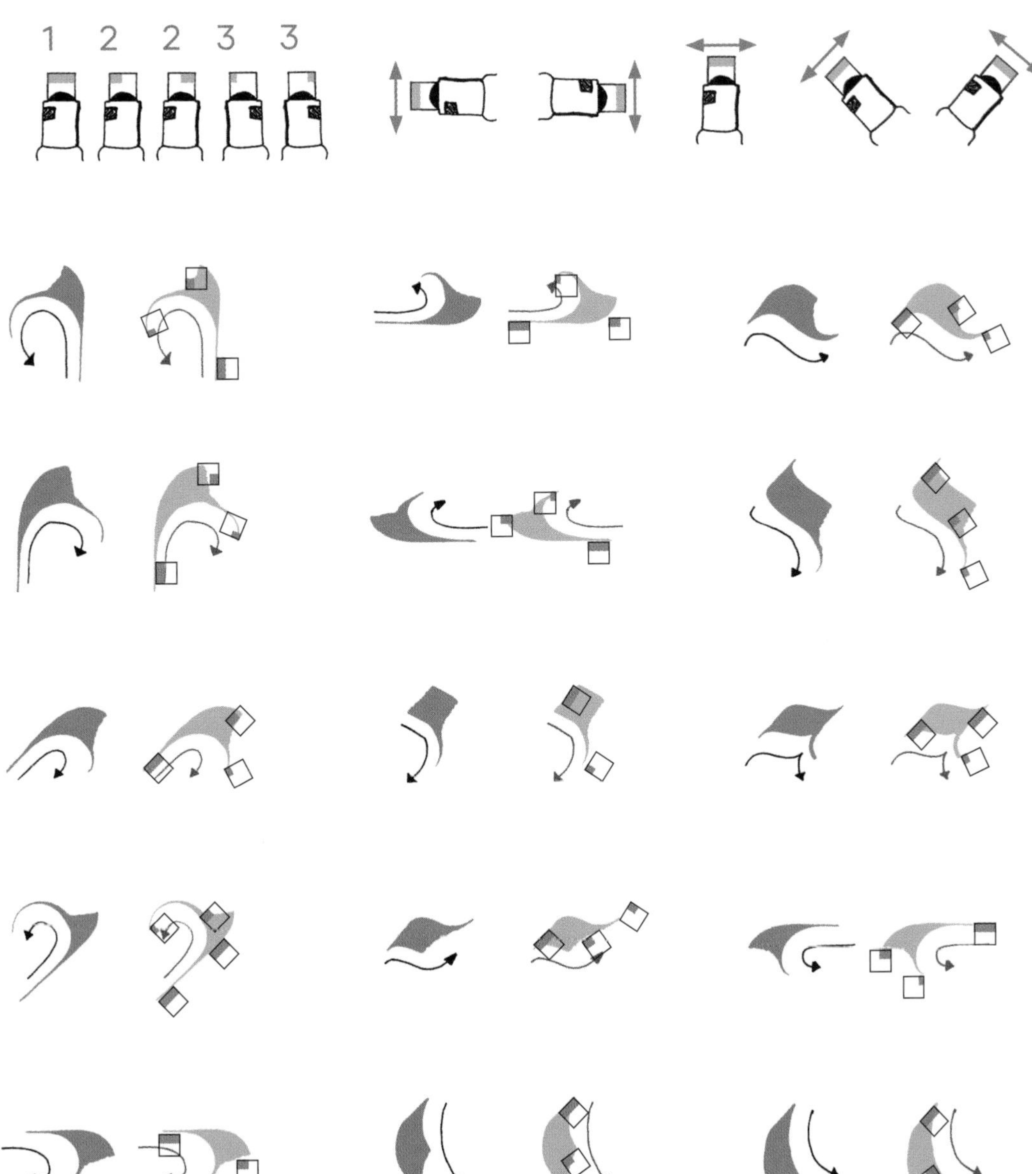

Wenn dir einige Richtungen nicht leicht von der Hand gehen, drehe das Blatt in eine andere Position.

SWASH YOUR LETTER

SCHNÖRKELN MIT DER BANDZUGFEDER #2

Ein »Swash« wie auch »flourish« ist die englische Bezeichnung für Buchstaben, die entsprechend ausgeprägte Schwünge und Bögen enthalten. Swashes können am Anfang, in der Mitte oder am Ende eines Worts angebracht werden. Je nach Buchstabe als absteigendes Schwänzchen (descender swash/tail), als Querstrich (crossbar) oder als aufsteigende Schleife (ascender swash/loop). Zusätzlich können auch zwei Buchstaben durch einen Schnörkel verzierend verbunden werden (Ligatur).

Die Swashes können mit sämtlichen Schriftarten kombiniert werden. So gibt es unzählige Varianten an Schleifen und Schnörkeln, die in der Kalligraphie ihren Einsatz finden. Der beste Weg, um zu sehen, ob Swashes miteinander harmonieren ist, diese mit einem Bleistift vorzuzeichnen. So kannst du diese im Zweifelsfall korrigieren oder ganz radieren:

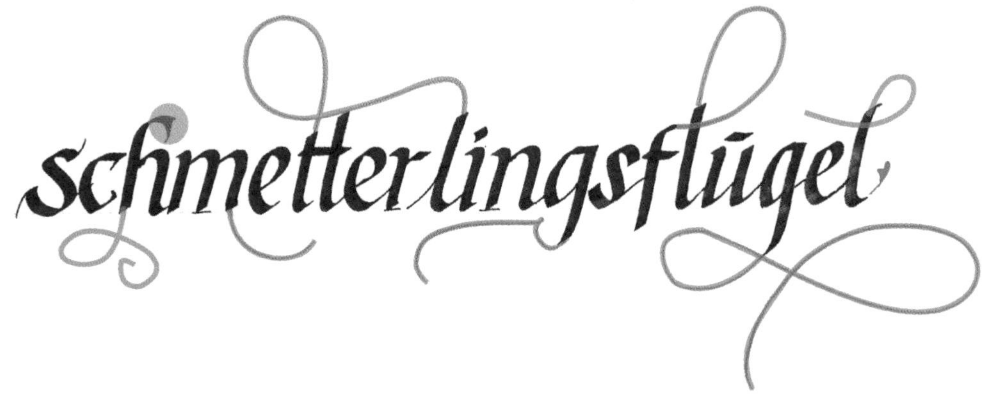

Als Faustregel gilt noch immer: Kombiniere gut und weniger ist oftmals mehr ;)

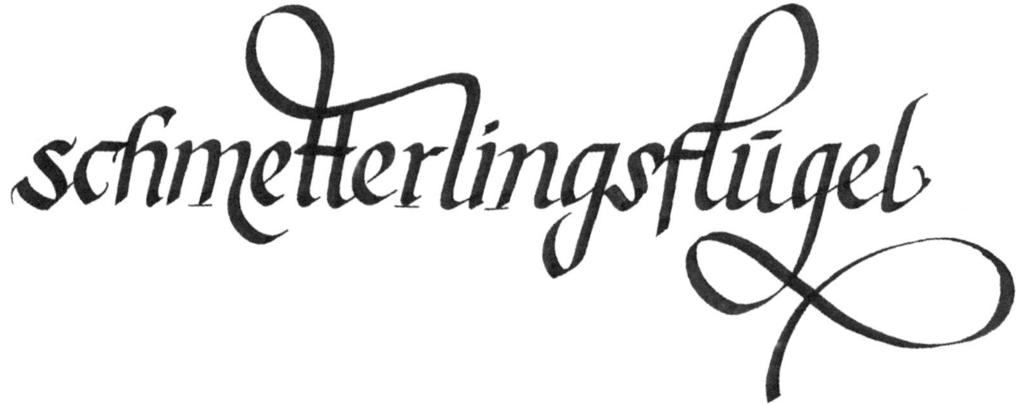

Eine kleine Auswahl an Schnörkeln (Bleistiftzeichnung) und wie man diese mit den Buchstaben verbinden kann:

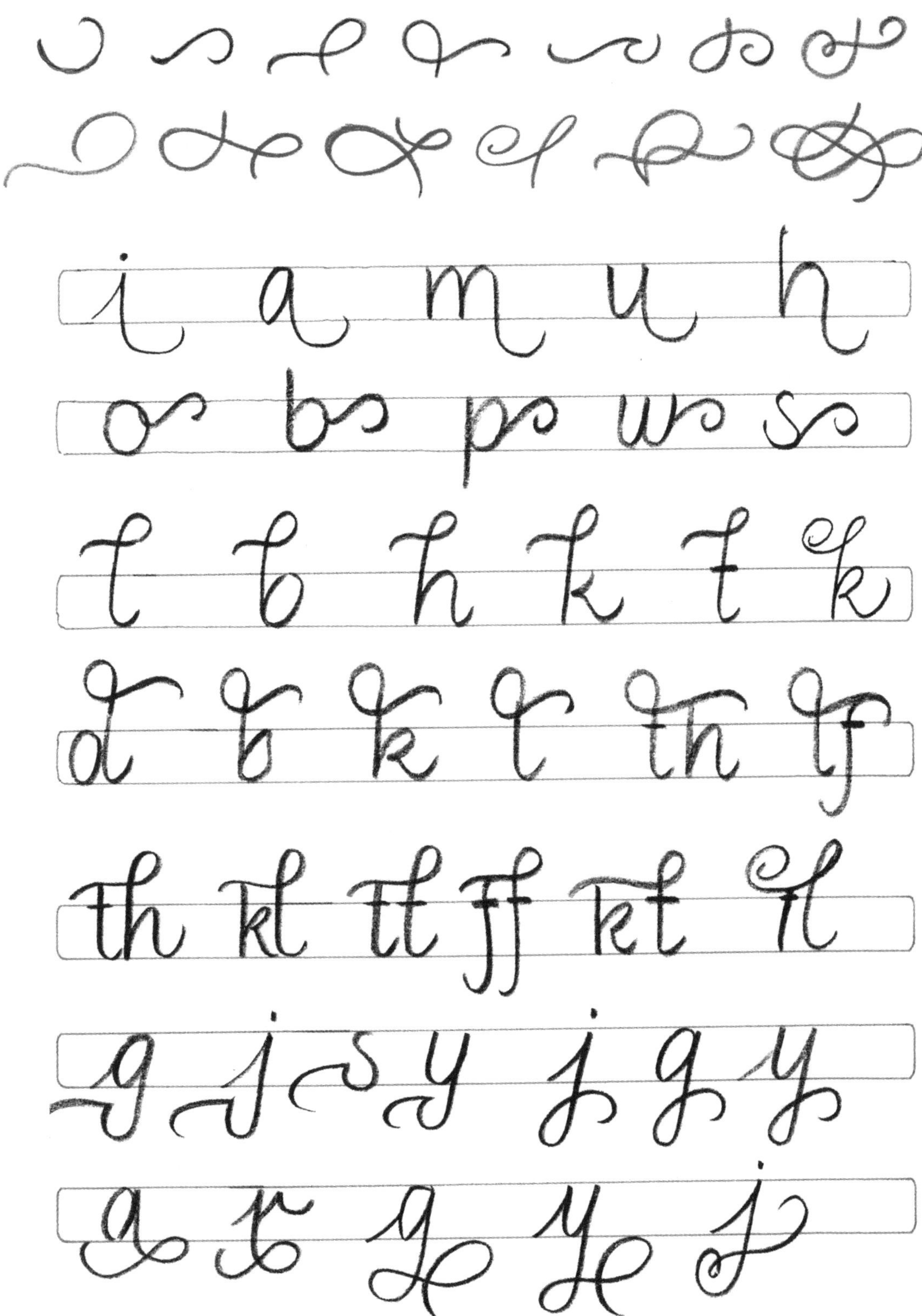

INSPIRATIONEN

SCHNÖRKEL-GALERIE

Schnörkel oder Fishtails können mit der vollen Federbreite wie auch mittels Aufkanten der Bandzugfeder gezogen werden, wenn sie die Buchstaben direkt betreffen. Oder mit jeden anderen dünnen Stift, wie einem Fineliner, nachträglich hinzugefügt werden. Du kannst die Schnörkel in einem Zug ziehen, aber ich empfehle das Absetzen und Neujustieren der Winkel, um schärfere Kanten zu erwirken.

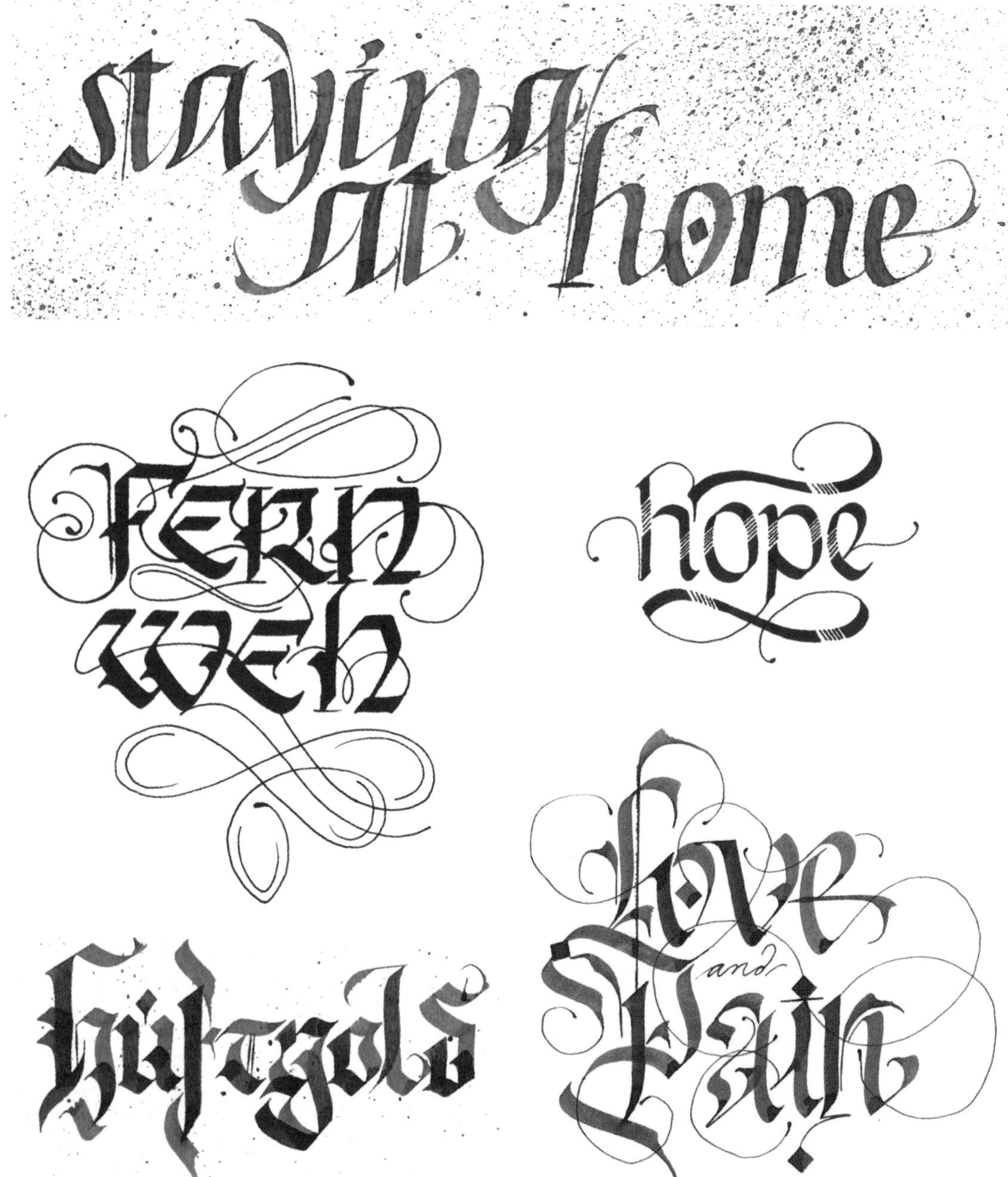

professional overthinker

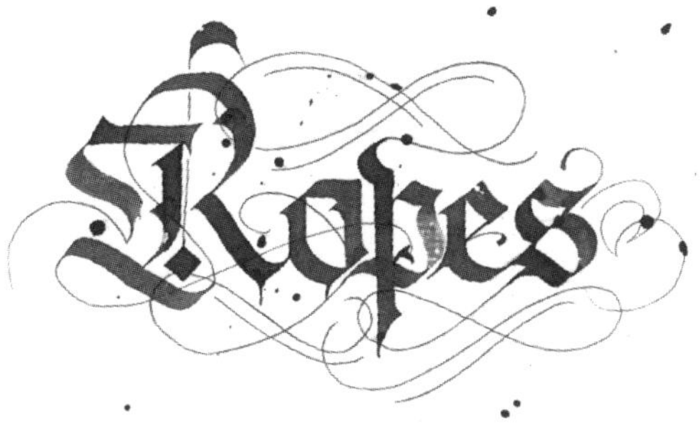

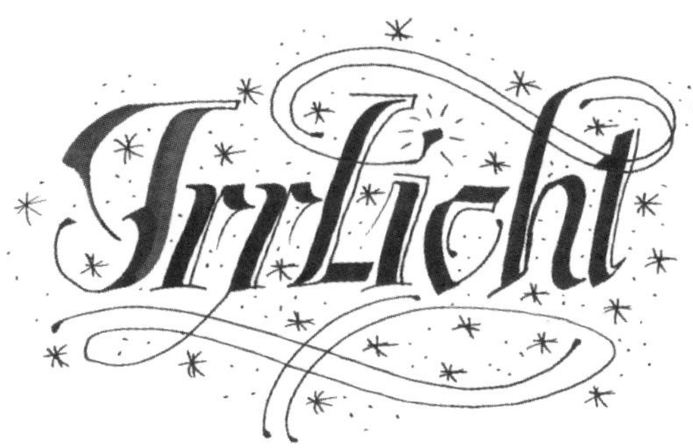

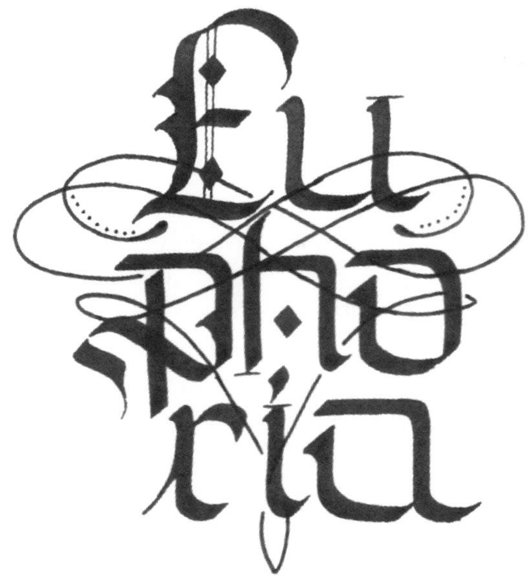

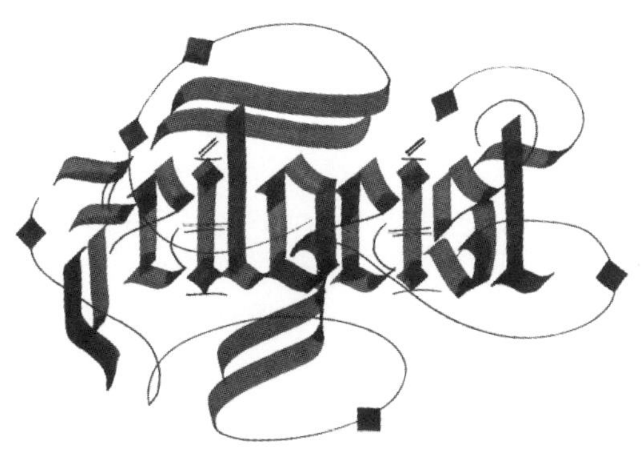

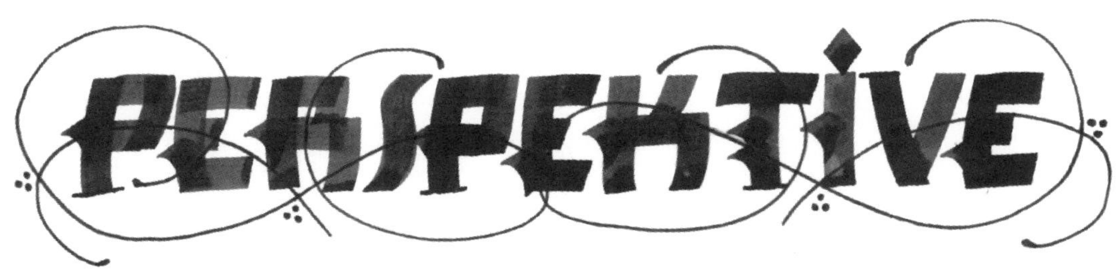

TROUBLESHOOTING

WENN ES NICHT SO LÄUFT WIE GEPLANT ...

TINTE KLECKST VON DER FEDER

Neue Federn können Tinte oder Tusche nicht halten! Die Tinte perlt vom Metall ab und verursacht Kleckse. Das liegt daran, dass neue Federn einen Fettfilm haben, damit diese bei der Lagerung nicht rosten. Du kannst mit einem Textil und Speichel den Film entfernen. Du kannst die Feder aber auch mit Reinigungsalkohol waschen und dann gut abspülen. KEIN Spülmittel verwenden, das hat rückfettende Substanzen.

DIE TUSCHE FLIESST NICHT

Zu dickflüssige und zähe Tusche kannst du mit einigen Tropfen Wasser verdünnen (Extragefäß). Teststriche auf einem anderen Papier zeigen, ob die Tinte nun flüssig genug ist.

DIE TUSCHE KLUMPT AN DER FEDER

Die meisten Tuschen trocknen sehr schnell. Das kann dann auch an der Feder passieren, wenn du zu lange pausierst. Dadurch wird der Tintenfluss unterbrochen. Reinige die Feder einfach mit einem Textil und etwas Wasser. Kleine Zahnzwischenraumbürsten erleichtern den Abrieb von getrockneter Tusche zwischen Bandzug und Ober- oder Unterfeder.

DIE TINTE ZERFLIESST IM PAPIER

Alltägliche Papiere haben eine dünne Oberflächenleimung. Diese Verbindung löst sich durch die Schreibflüssigkeit auf und die Tinte wird vom Papier aufgesogen. Ergebnis sind blutende Buchstaben. Hochwertige Papiere haben eine kräftigere Oberflächenleimung, auf denen sich die Tinte gut auftragen lässt. Auch da kann es vorkommen, dass Tinten ausbluten oder kleine »Spinnennetze« fabrizieren. Keine Panik! Etwas Fixierspray auf das Papier sprühen, kurz trocknen lassen und es bildet sich eine nicht absorbierende Schicht auf der Papieroberfläche.

FINGERSPITZEN SIND VOLLER FARBE

Wenn du die Feder zu tief ins Tintenglas tauchst, wird der Federhalter ebenso mit Tinte benetzt. Das ist nicht gut für den Halter (ständige Nässe) und deine Finger können Abdrücke auf dem Papier hinterlassen. Tauche die Federspitze nur zu 2/3 ein, sodass das Loch in der Feder gut mit Tinte benetzt ist.

TINTE VERSCHMIERT BEIM RADIEREN

Tinten, Tuschen und Farben haben eine unterschiedliche Trockendauer. Die ist auch abhängig von der Dichte des Farbauftrags (feine Linie, dicke Linien) und dem Papier. Wenn du etwas vorgezeichnet hast, warte lieber bis zu 24 Stunden und radiere mit einem ganz weichen Radiergummi. Stelle auch sicher, dass du beim Vorzeichnen nicht zu fest aufdrückst.

MEINE FEDERN SIND ROSTIG

Wenn du rostige Federn hast, kannst du den Flugrost mit einer Paste aus Backsoda entfernen. Vermische das Backsoda und etwas Wasser zu einer homogenen Masse und lege die Feder hinein. Lass die Feder eine Stunde einwirken und reibe sie anschließend mit einer alten Zahnbürste sauber.

MATERIAL-RESSOURCEN

EINE KLEINE HANDLICHE AUSWAHL ...

Mit dem richtigen Material macht die Kalligraphie Spaß und ist erfolgsorientiert. Die Liste enthält die persönlich für gut befundenen Werkzeuge, die ich gerne für Beginner empfehle und auch selber sehr schätze:

FEDERN
Bandzugfedern in div. Breiten von Hiro Leonardt, Speedball, Brause

FEDERREINIGER
Aristo Tusche-Reiniger
Diamine Nib Cleaning Fluid

SCHÖNSCHREIBEFÜLLER
Pilot Parallel Pens
rOtring Art Pen
Lamy joy + Lamy EF
Online Germany

BINDEMITTEL
Schmincke, Gummi Arabicum

TINTEN
Müller Eigenmarke
Rohrer & Klinger Schreibtinte
Pelikan Edelstein Tinte
Fa. Diamine
Manuscript Pen Ink

TUSCHEN
Winsor & Newton Ink
Rohrer & Klinger Sketch Ink
Rohrer & Klinger Blister
Dr. ph. Martins Tusche (USA)
Pelikan Zeichentusche

FARBEN
Royal Talens Ecoline, Aquarellfarbe
Pebeo Colorex, Aquarellfarbe
Schmincke, Aquarellgouache
Coliro Pearlcolors Palette

PAPIER
Clairefontaine Schreibblock
Clairefontaine Pollen
Clairefontaine Dessin a Grain 180 g/m^2 für Strukturen

Rhodia Dotpad

Canson XL Bristolpapier, in Weiß oder Schwarz

Hahnemühle Federzeichenblock

RADIERGUMMIS
Faber Castell Dustfree, in Weiß oder Schwarz

Pro-Tipp:

Linienspiegel sind gut geeignet, um ein gerades Schriftbild zu erlangen. Abhängig von der Schriftart und der Schreibhöhe gibt es verschiedene Linienspiegel. Du kannst dir selbst Linienspiegel erstellen oder aus dem Internet herunterladen. Übrigens: Laminierte Linienspiegel können nicht zerknittern, und falls Tinte aufs »Papier« tropft, kannst du dieses feucht abgewischen.

Eine Laser-Wasserwaage aus dem Baumarkt ist auch sehr nützlich, wenn du auf dunklem Papier schreiben möchtest. Mit einem Linienlaser kannst du einen konstanten Strich erzeugen, der dir als ordentliche Hilfslinie dient.

WORTLISTE ZUM ÜBEN

Antlitz
Augenstern
Augenweide
Backfisch
Bildnis
Blickfang
blümerant
Brimborium
Buchlust
butterweich
Cello
charismatisch
Champagner
Contenance
Dämmerlicht
Diadem
Dreikäsehoch
edel
effizient
Eisbrecher
Eselsbrücke
Elysium
Fachwerkbau
Fingerspitzengefühl
Firmament
Fernweh
Firlefanz
Freudentaumel
funkengleich
Gabe
galant
Gemütlichkeit
Glückskind
herzallerliebst
himmelblau
Himmelszelt
Hoffnungsschimmer
idyllisch
Inspiration
Illusion
Jalousie
Jubel
Kleinod
Krimskrams
Küstenlinie
Köstlichkeit
Lausbub
Lichtblick
Lobhudelei
Luftikus
märchenhaft
Mondenschein
mucksmäuschenstill
Naschkatze
nebelschwer
Nesthäkchen
Oberstübchen
optimistisch
Primadonna
Purzelbaum
Quantensprung
quietschfidel
Requisiten
Rundbögen
Sehnsucht
Schmollmund
Sonnenfinsternis
Spitzbube
Steckenpferd
Tagtraum
Tausendschön
Traumtänzer
Vagabund
Vollmond
Waldesduft
Weltenbummler
Wellenreiter
weltvergessen
Zauberlehrling
Zuversicht
Zweisamkeit

good things
take time!
AUTOR UNBEKANNT

DU WILLST MEHR?

PRAXISBUCH KALLIGRAPHIE: HISTORISCHE SCHRIFTEN

1. Auflage 2019
208 Seiten, in Farbe
ISBN: 978-3-7475-0024-8

- **10 historische Schriften mit Schritt-für-Schritt-Anleitungen**
- **Ausführliche Materialkunde und technische Grundlagen**
- **Ansprechende Designs erstellen: vom Basiswissen bis zur finalen Gestaltung**
- **12 inspirierende Projekte mit Anleitung zum Nachmachen**
- **inkl. über 40 Üblungsblätter zum Download**

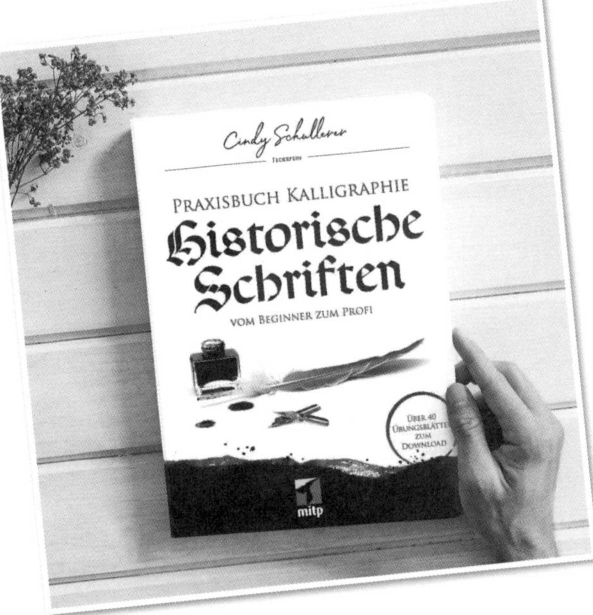

Dieses Buch ist eine umfassende und anschaulich illustrierte Einführung in die Kunst des Schreibens mit Stahlfeder und Tinte. Dabei widmet sich Cindy Schullerer ausdrücklich historischen Schriften mit ihren besonderen Eigenschaften.

Du lernst zehn verschiedene Schriften aus unterschiedlichen Epochen kennen. Zu jeder Schrift zeigt Cindy Schullerer das vollständige Alphabet und erläutert dir Schritt für Schritt, wie die einzelnen Buchstaben umgesetzt werden.

Zusätzlich erhältst du ausführliche Informationen und Tipps zum Material und zu den notwendigen technischen Grundlagen. Des Weiteren erfährst du, was bei der Gestaltung mit Schriften wichtig ist: von Konzeption und Layout über die Kombination von Schriften bis hin zum Einsatz von Farben.

PRESSESTIMMEN

»Und so heißt das Buch längst nicht nur ambitionierte Kalligrafen willkommen, sondern alle neugierigen Kreativen, die von dem leichtfüßigen Handlettering gerne mal ins „ernstere" Fach der klassischen Kalligrafie hineinschnuppern wollen. Und dort, was nicht ganz unwahrscheinlich ist, eine zweite Liebe finden – unter Vermittlung der 200 unterhaltsamen, lehrreichen und anregenden Buchseiten. Schade, dass es nicht noch mehr sind ... « (Handlettering and more Magazin, 02/2022)

»Dieses Buch ist eine umfassende und anschaulich illustrierte Einführung in die Kunst des Schreibens mit Stahlfeder und Tinte. Dabei widmet sich Cindy Schullerer ausdrücklich historischen Schriften mit ihren besonderen Eigenschaften.« (Handschrift – Das Magazin für Kalligrafie und Handlettering, 09/2019)

JULIA WINKLER
SUSHIMOON STUDIO

Handlettering – Layout und Komposition

Schritt für Schritt
von der Skizze zum ausdrucksstarken Lettering

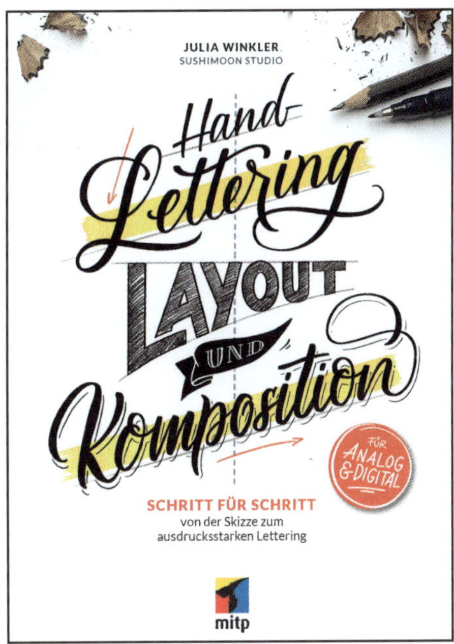

Alle wichtigen Grundlagen für stimmige Layouts und harmonische Kompositionen

Buchstaben, Wörter und Texte perfekt in Szene setzen

Planung und Aufbau: So werden deine Letterings zu einem echten Hingucker

Du möchtest deine Buchstaben perfekt in Szene setzen und ausdrucksstarke Letterings gestalten? Dann ist dieses Buch der perfekte Begleiter auf deiner Handlettering-Reise.

Julia Winkler zeigt dir von der Skizze bis zur Reinzeichnung alles, was einer gelungenen Komposition zugrunde liegt und was du beachten musst, damit die Gestaltung deines Letterings genau zu deiner gewünschten Aussage passt und zum Hingucker wird.

Schritt für Schritt wirst du durch die Planung und den Aufbau eines Letterings geführt: von kreativer Wortgestaltung bis hin zum Zeichnen langer Texte und ausgefallener Kompositionen.

Die Auswahl der richtigen Schriftarten, das Spiel mit Buchstabenformen sowie der Einsatz und die Platzierung von Schmuckelementen und Schnörkeln sind Teil dieses umfangreichen Praxisbuchs.

Es ist ganz egal, ob du gerade deine ersten Letterings erstellen möchtest oder schon geübter bist. Es spielt auch keine Rolle, ob du digital oder analog arbeitest und welches Material du einsetzt – sei es Brushpen, Bleistift, Feder oder Watercolor. Dieses Buch ist die beste Basis für deine Handlettering-Kompositionen.

ISBN 978-3-7475-0281-5 Probekapitel und Infos erhalten Sie unter: **www.mitp.de/0281**

Michaela von Kessel

Über 850 inspirierende
Schmuckelemente
für Handlettering, Bullet Journals & Co.

Boho • Hygge • Vintage • Magisches • Florales • Natur • Maritim

Die schönsten Schmuckelemente für deine kreativen Projekte

Von Boho und Hygge über Florales, Maritimes und Natur bis hin zu Magischem und Vintage

Zahlreiche Linien, Pfeile, Ecken, Rahmen, Banner, Kränze, Symbole und Alphabete

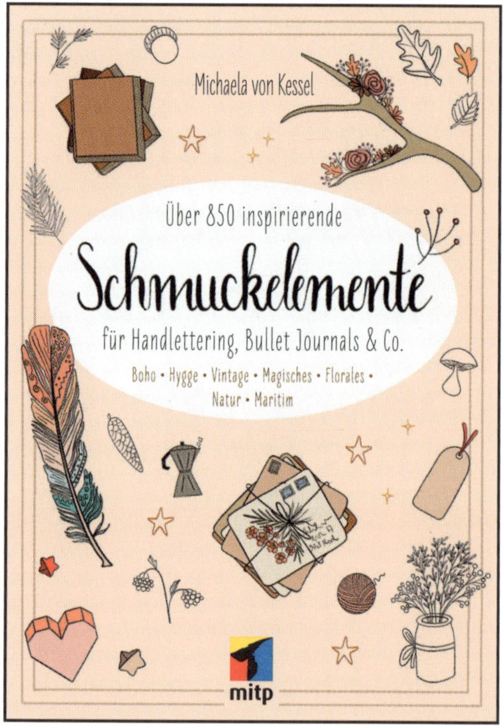

ISBN 978-3-7475-0337-9 Probekapitel und Infos erhalten Sie unter: www.mitp.de/0337

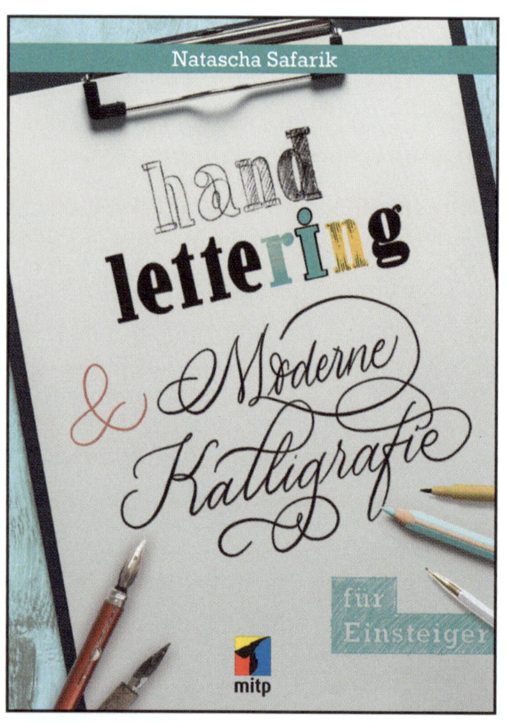

Natascha Safarik

Handlettering und moderne Kalligrafie für Einsteiger

Moderne Kalligrafie und Handlettering von Grund auf lernen

Schöne Schriften Schritt für Schritt schreiben lernen

Zahlreiche Alphabete für deine eigenen Schriftprojekte

Erscheint Herbst 2022

ISBN 978-3-7475-0458-1 Probekapitel und Infos erhalten Sie unter: www.mitp.de/0458